Ajour, Lace,

… oder einfach nur Löcher

Tücher, Schals und ein Pulli

von Christine Nöller

Liebe Strickerinnen und Stricker

Da seit einiger Zeit das Stricken von Tüchern, besonders auch das aus feiner Wolle, wieder in Mode ist, wollte ich dem Trend folgen.
Aber ich fand keine Anleitungen auf Deutsch. In der ehemaligen DDR zur Schule gegangen, habe ich kein Englisch gelernt. Daher fiel es mir schwer, mich mit den vorhandenen englischen Anleitungen anzufreunden. Ich hatte mir Wolle in Uruguay bestellt - die sogenannte „Uru-Wolle" – ein hauchdünnes Garn von enormer Lauflänge. Jeder Strang ein Unikat, da sie handgefärbt ist. Jetzt hatte ich die wunderschöne Wolle vor mir liegen, aber immer noch keine Anleitung. Tücher wurden schon vor Jahrhunderten überall auf der Welt gestrickt, und so habe ich mir schöne Muster mit vielen Löchern überlegt.
Die ersten Stolen, die entstanden durch Probestricken, sozusagen durch Versuch und Irrtum. Später habe ich meine Ideen auf Kästchenpapier gezeichnet. Jetzt hilft mir ein Computerprogramm.

Irgendwann dachte ich mir, dass es eventuell Anderen auch so geht. Viele sind des Englischen nicht mächtig. Vielleicht wäre es von Interesse, wenn ich die Anleitungen zu den Tüchern veröffentliche. Und so ist die Idee zu diesem Buch entstanden. Es war dann doch nicht so einfach, und ging vor allem nicht so schnell, wie ich mir das anfangs gedacht hatte. Aber jetzt halten Sie mein Erstlingswerk in den Händen.

Ich habe alle Tücher, Schals und den Pullover in diesem Buch selbst entworfen, selbst gestrickt und alle Anleitungen - einschließlich der Strickschriften - eigenhändig geschrieben. Sollten mir Fehler unterlaufen sein, dann bitte ich jetzt schon um Entschuldigung.

In diesem Buch möchte ich Anleitungen zu Tüchern, Schals und Co geben. Möglichst nicht zu schwierig, sondern für Jeden, der rechte und linke Maschen und Umschläge stricken kann.

Auf die meisten Techniken, wie Maschen zu- oder abgenommen werden, welche Anschläge es gibt usw., werde ich nicht weiter eingehen. Diese Grundlagen des Strickens setze ich voraus. Sie sind in jedem Handarbeitsbuch,

in fast jeder Strickzeitung erläutert. Nur einige spezielle Dinge werde ich näher erklären, wenn die Anleitung auf weniger Gebräuchlichem basiert.
Allen Modellen habe ich Namen gegeben. Der durch einen Schrägstrich getrennte Großbuchstabe kennzeichnet die Form des Tuches. „D“ für Dreiecktuch, „S“ für Schal und „T“ für viereckige Stolen usw.

Da ich als Model denkbar ungeeignet bin, habe ich versucht die Tücher in einer interessanten Umgebung wie Kunstschmieden - aber auch in der Natur - zu präsentieren.

Im Verlauf des Buches werde ich noch einige Tipps und Hinweise geben, von denen ich denke, dass sie von Bedeutung sind.

Nun wünsche ich allen, die dieses Buch erworben haben, dass sie beim Nacharbeiten der Accessoires so viel Spaß und Freude haben, wie ich beim Austüfteln der Muster und Anleitungen.
Ich habe die Erfahrung gemacht – Tücher stricken kann zur Sucht werden!

Maschenprobe

Bei den meisten Schals und Tüchern habe ich bewusst auf eine Maschenprobe verzichtet.
Denn natürlich können Sie jedes Tuch auch aus einem anderen Garn stricken. Ein Beispiel für die Auswirkung von anderen Lauflängen sehen Sie bei den zwei Varianten zu „Schmeichelei/T“, und auch den beiden Modellen „Finesse/T“ und „Episode/S“ liegt ein Basismuster zu Grunde.

Also – nehmen Sie das Garn Ihrer Wahl und fertigen für sich eine Maschenprobe an. Dann werden Sie sehen, ob Ihnen das Muster in Ihrem Garn gefällt. Haben Sie keine Angst davor, dass Sie vielleicht die Größe nicht vorher berechnen können. Bei Tüchern spielt das nicht die entscheidende Rolle. Experimentieren Sie! Hier haben Sie die Möglichkeit, die Sie bei anderer Kleidung nicht haben. Bei einem Pulli muss es schon stimmen, mit den Maßen. Ein Tuch sollte einfach nur groß genug sein.

Haben Sie reichlich Garn, dann können Sie Ihr Tuch so groß stricken, wie Sie Lust haben. Ist Ihr Garn begrenzt, dann müssen sie mit Bedacht zu Werke gehen.
Hilfsmittel sind ein langes Lineal, bzw. Maßband und eine genaue Küchen-waage, am besten elektronisch, oder eine Briefwaage.

Bei einer Stola, wie z.B. „Charisma/T“ können Sie den Rand stricken, kurz bevor das Garn aufgebraucht ist. Am besten, wenn das Muster gerade einen Rapport beendet hat.

Einige Schals und Tücher, wie beispielsweise „Juwel/S“, „Tautropfen/T“, oder auch „Finesse/T“, werden in der Mitte begonnen. Hier können Sie sich vor Beginn Ihrer Arbeit das Garn halbieren und sehen so, wie weit eine Hälfte reicht.
Bei Dreiecktüchern, die an der oberen Mitte angefangen werden, messen Sie an der Mittelachse. Bei dieser Form verschätzt man sich am schnellsten. Es gilt, wenn die Hälfte der Mittelachse erreicht ist, dann haben Sie schon 75% der Wolle benötigt. Ist noch eine Kante anzustricken, dann sehen Sie anhand der Strickschrift, wie viele Reihen diese hat. Außerdem muss hier beachtet werden, dass die Kante sich meistens nur an eine bestimmte Reihe der Flächenmusters anschließen lässt, wie etwa bei Modell „Eiskristall/D“.

Spannen

Um das Muster Ihres Lacetuches richtig zur Geltung zu bringen müssen Sie es spannen. Dadurch erreicht es seine endgültige Größe und die wunderschöne Spitzenoptik.
Für diese großen Tücher eignet sich dafür am besten das Bett oder eine Liege. Wenn Sie zufällig ein Badetuch (60 x 180) mit geometrischem Muster (vorzugsweise Längsstreifen) haben, dann ist es ganz einfach. Außerdem benötigen Sie noch viele (sehr viele) Stecknadeln mit Glaskopf, ein großes Lineal oder Zentimetermaß und Geduld.

Zuerst weichen Sie Ihr neues Tuch in lauwarmem Wasser eine Weile ein. Dann drücken Sie es vorsichtig aus – nicht stark wringen oder gar rubbeln. Das feine

Garn neigt zum Verfilzen. Den größten Teil der noch vorhandenen Feuchtigkeit durch vorsichtiges Einrollen in einem großen Handtuch aufnehmen.

Nun wird es ernst. Sie spannen das Tuch möglichst straff auf Ihre Unterlage. Bei einer Stola, oder einem Schal empfiehlt es sich, erst einmal die Schmalseiten in entsprechendem Abstand zu fixieren. Bei einem Dreiecktuch zuerst die lange Seite, nun die Spitze. Dann stecken Sie von da aus in gleichmäßigen Abständen das Tuch straff auf. Bei Tüchern mit gezacktem Rand mustergemäß die Zacken in gleichmäßigen Abständen.

Nach dem Trocknen die Nadeln entfernen und nun halten Sie endlich Ihr wunderschönes Spitzentuch in den Händen.

Garn

Zum Stricken von Tüchern werden im Allgemeinen Garne mit einer hohen Lauflänge (LL) verarbeitet. Leider bietet da der Handel wenig bis gar nichts an. Ich habe die meisten der hier verwendeten Materialien in einschlägigen Online-Shops bezogen.
Im Folgenden ein paar Garnempfehlungen, um Ihnen einen Anhalt zu geben. Sehr gerne findet die *Uru-Wolle* Verwendung, die es in unzähligen Farben mit interessanten Verläufen gibt. Sie hat eine LL von ca.750 m/100g, und wird mit Nadelstärken 4, 4,5 oder sogar 5 verstrickt. Das fertige Werk wird dann wie beschrieben gespannt und das Ergebnis ist ein wunderschönes Spitzengebilde. Dann wäre da die *Konenwolle*, die in verschiedenen Online-Shops angeboten wird. Bei ihr können Sie die Stärke und LL des Garns selbst bestimmen.
Für etwas rustikalere Tücher und Schals bietet sich die Verarbeitung von *Strumpfwolle* an. Hier erreicht man durch selbstmusternde Garne sehr wunderbare Effekte.
Wer es so richtig schön warm und kuschelig haben möchte, der verwendet am besten *Mohairgarne*. Da gibt es in letzter Zeit sehr schöne mit großer LL und Anteilen von Kidmohair, Wolle und sogar Seide. Diese Tücher brauchen Sie im Allgemeinen nicht zu spannen.

Zeichenerklärung

+ *Randmasche*

I *rechte Masche*

II *kraus rechts*

– *linke Masche*

∩ *Umschlag*

⋋ *2 M überz. zusammen stricken (1 Masche abheben, eine M stricken und die abgeh M darüber ziehen)*

⋌ *2 M re zus stricken*

⋋ *3 M doppelt überz. zusammen stricken (2 M wie zum re stricken zusammen abheben, 1 M stricken und die abgeh M darüber ziehen)*

⋋ *3 M überz. zusammen stricken (1 M abheben, 2 M re zusammenstr. und die abgeh M darüber ziehen)*

⋌ *3 M re zusammen stricken*

∩ *1 Perle einfügen, dafür mit einem Nadeleinfädler durch die Perle gehen, Wolle durchziehen und diese Schlinge auf die Nadel nehmen.*

∩ *Wie bei ∩ , in der Rückreihe aber mit 1li M und 1re M abstricken*

V *Aus dem Querfaden 1 M re verschr zun*

∩∩ *Doppelter Umschlag, in der Rückreihe mit 1 li M und 1re M abstricken*

⋀ *3 M li zus stricken*

⋁ *3 M aus 1 M stricken, 1 re 1 U 1 re*

Alle leeren Kästchen in den StrS haben keine Bedeutung

Abkürzungen

StrS	Strickschrift
MA	Maschenanschlag
M	Masche
MM	Mittelmasche
RM	Randmasche
R	Reihe
HR	Hinreihe
RR	Rückreihe
Ru	Runde
MS	Mustersatz
re M	rechte Masche
li M	linke Masche
kr re	kraus rechts
str	stricken
verschr	verschränkt
verschr zun	verschränkt zunehmen
zun	zunehmen
abn	abnehmen
zus	zusammen
US	Umschläge

Anleitung für den MA über einen Faden

Manchmal ist es günstig keinen festen Anschlag zu arbeiten. So kann ein Strickstück nach oben und unten weiter gestrickt werden. D.h., Sie können beispielsweise ein Tuch in der Mitte anfangen und nach beiden Seiten, also symmetrisch, arbeiten. So begonnen habe ich u. a. die Stola „Finesse/T“, oder auch das Dreiecktuch „Famos/D“.
Mehrere Möglichkeiten dieses MA werden in Strickbüchern und -zeitungen, oder im Internet erläutert. Ich werde hier versuchen den von mir am meisten verwendeten Anschlag möglichst verständlich zu beschreiben.

Eine Anfangsschlinge auf die Nadel nehmen und dann den Arbeitsfaden wie üblich um die Finger der linken Hand schlingen. Gleichzeitig den Hilfsfaden zwischen beiden Händen, jeweils mit Daumen und Mittelfinger, straff halten.

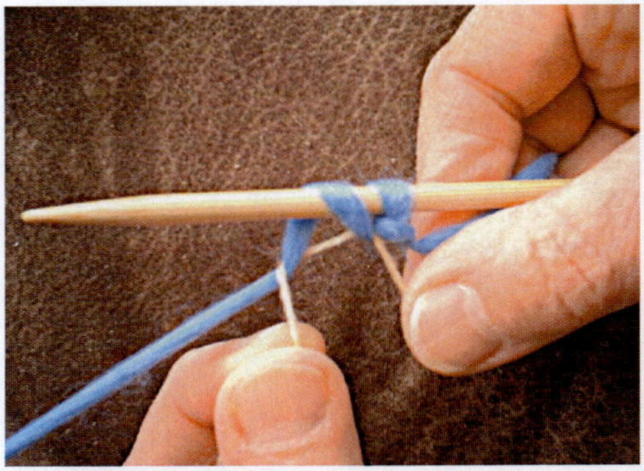

Nun die M abwechselnd einmal über und einmal unter dem Hilfsfaden um die Nadel schlingen.

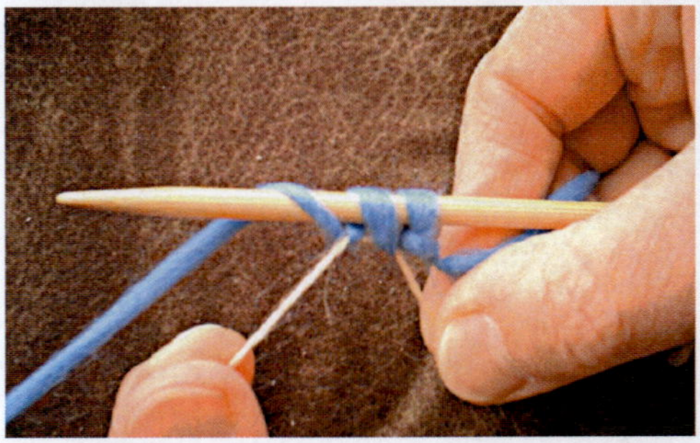

So fortfahren, bis die gewünschte Maschenanzahl erreicht ist.

Nun die Maschen wie gewohnt abstricken. Die erste Reihe sollte eine rechte oder eine linke sein, noch keine Musterreihe. Um "nach unten" weiter zu stricken, den Hilfsfaden durch eine Stricknadel ersetzen. Beachten Sie beim Abstricken, dass diese Maschen abwechselnd normal und verschränkt auf Ihrer Nadel sind.

Anleitung Fantasie/D

Größe ohne Spannen ca. 1 m x 2 m

Material: 150g "Kid Light" von Schachenmayr, 35% Polyamid, 35% Polyacryl, 30% Kid Mohair, LL 300 m/50 g
Stricknadel Nr. 8

Muster
Das gesamte Tuch mit Knötchenrand str.
RR bei StrS A immer re str, bei StrS B und C die ersten und letzten 5 M stets re str, alle anderen M und US li str.
In den StrS B und C ist jeweils das Muster bis einschließlich der MM gezeichnet.

Anleitung
5 M aus einem Fadenring (s. Seite 60) anschlagen und nach StrS A str. Mit diesen 17 M nun nach StrS B weiter str. Ab MM von * bis * einmal wiederholen, dann gegengleich mit 5 re M enden.
Die R 17 bis 44 so oft wiederholen, bis die gewünschte Größe bis zu Kante erreicht ist. Die Kante nach StrS C str (sie schließt an R 41 der StrS B an). Nach R 24 noch beliebig oft kr re str. Am Modell 4 R. Nun alle M sehr locker abketten.
Wurde ein Garn dünnerer Qualität verwendet, dann empfiehlt sich evtl. ein Spannen des Tuches.

Größenangabe

Die Größe der Dreieckstücher habe ich jeweils entlang der MM und am oberen Rand gemessen.
Bei Schals und Stolen die äußeren Abmessungen, also die Spitzen und Zacken mit gemessen.

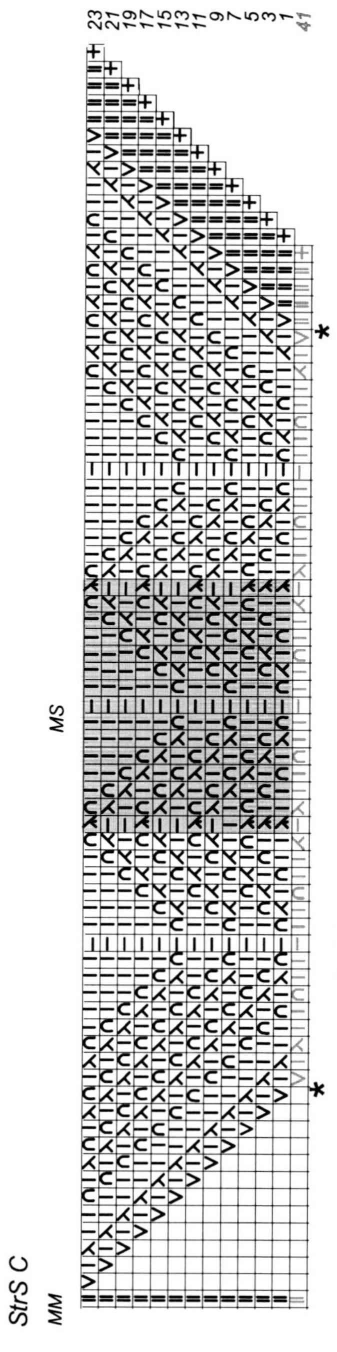
StrS C
MM
MS
23 21 19 17 15 13 11 9 7 5 3 1 41

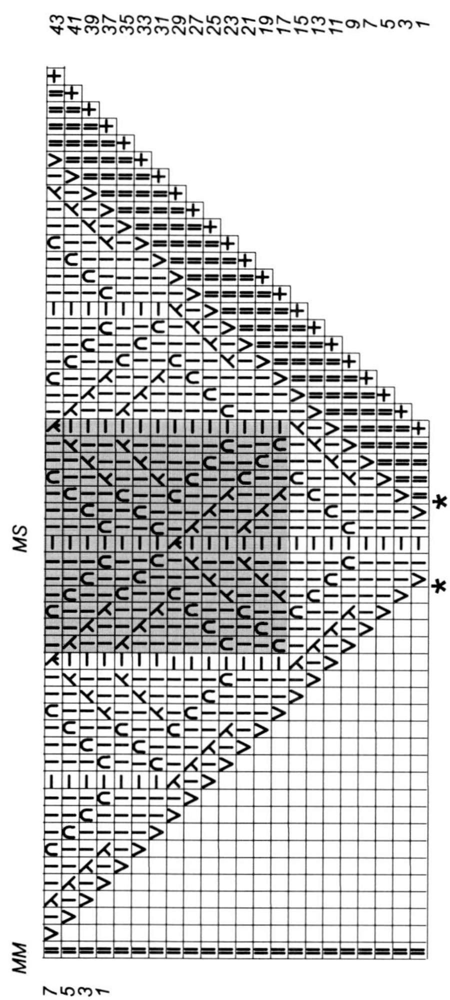
StrS B
MM
MS
43 41 39 37 35 33 31 29 27 25 23 21 19 17 15 13 11 9 7 5 3 1

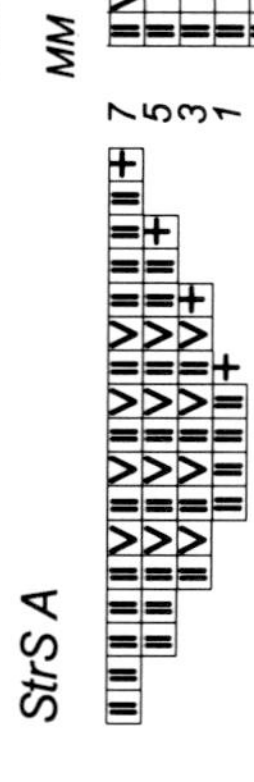
StrS A
7 5 3 1

Perlenreigen/D

Anleitung Perlenreigen/D

Größe nach dem Spannen ca. 95 cm x 200 cm

Material: 100 g Uruwolle, LL 750 m/100 g, 2 Döschen waschbare Rocailles in passender Farbe, 1 Rundstricknadel Nr. 5, Nadeleinfädler oder 1 Häkelnadel Nr. 0,65

Muster
Tuchmuster StrS A
Kante StrS B
In den RR werden die ersten und letzten 5 M, sowie die 2 MM re gestrickt. Alle übrigen M und US li str.

Anleitung
Das Tuch wir in der oberen Mitte begonnen. 6 M über einen Fadenring (s. Seite 60) anschlagen und kr re stricken. Pro HR 2 M zun, bis 16 M erreicht sind. Nach StrS A bis zur MM str, dann von * bis* wiederholen und mit 5 M kr re enden.
Solange nach StrS A str, bis die gewünschte Größe bis zur Kante erreicht ist. Um die Kante nach StrS B weiter zu stricken, müssen die in StrS A angegebenen MS eine ungerade Anzahl haben, bei unserem Modell 13 MS. Die StrS B schließt an R 22 von StrS A an. Noch einige R kr re str und dann sehr locker abketten.

Alle Fäden vernähen, den Schal in lauwarmen Wasser einweichen, gut ausdrücken, spannen und dann erst die vernähten Fäden abschneiden.

Perlen verwenden

Sie bringen Ihrem Tuch ganz besondere Highlights. Aber natürlich können Sie diese auch weg lassen. Machen Sie an dieser Stelle in der StrS einen US und str diesen wie gewohnt ab.

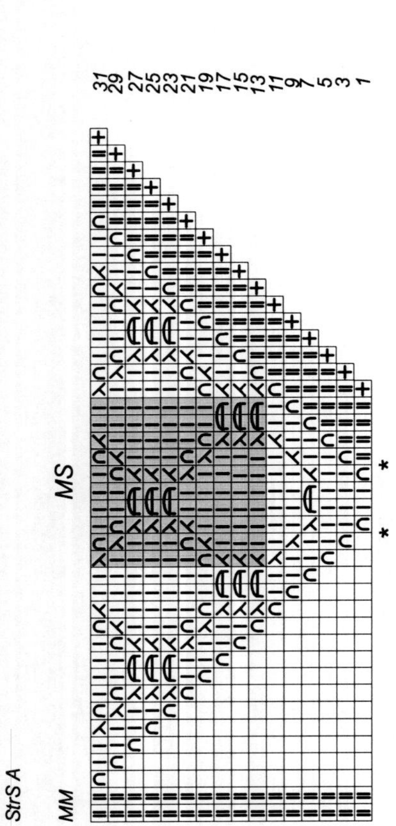
StrS A
MM
MS
31
29
27
25
23
21
19
17
15
13
11
9
7
5
3
1

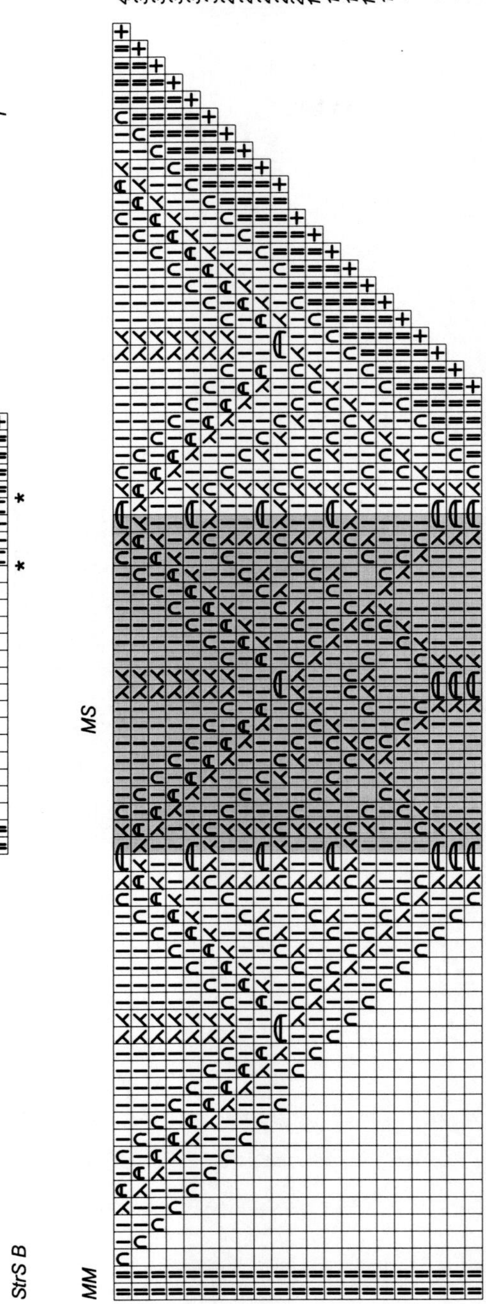
StrS B
MM
MS
41
39
37
35
33
31
29
27
25
23
21
19
17
15
13
11
9
7
5
3
1

Kaskade/D

Anleitung Kaskade/D

Größe nach dem Spannen ca. 80 cm x 160 cm

Material: 100 g Uru-Wolle, LL 750 m/100 g, Rundstricknadel Nr. 4,5

Muster
Das gesamte Tuch mit Knötchenrand stricken.
Tuchmuster StrS A,
Kantenmuster StrS B, an R 26 von StrS A anschließen
In den RR stets die ersten und letzten 5 M re str, alle anderen M und US li str.

Anleitung
MA: 5 M über einen Fadenring (s. Seite 60) anschlagen. In Hin- und Rückreihen re str (kr re). Dabei 2 x in jeder 2. R 4 M re verschränkt zun. Mit diesen 13 M dann nach StrS A weiter stricken. Den MS in der Höhe so oft wiederholen, bis die gewünschte Größe ohne die Kante erreicht ist. Die Anzahl der MS in der Breite muss ungerade sein, in diesem Modell 19 MS pro Seite.
Die Kante nach StrS B stricken. Alle Maschen sehr locker abketten, Fäden vernähen, aber erst nach dem Spannen abschneiden.
Das Tuch in lauwarmen Wasser ausdrücken und spannen. Trocknen lassen.

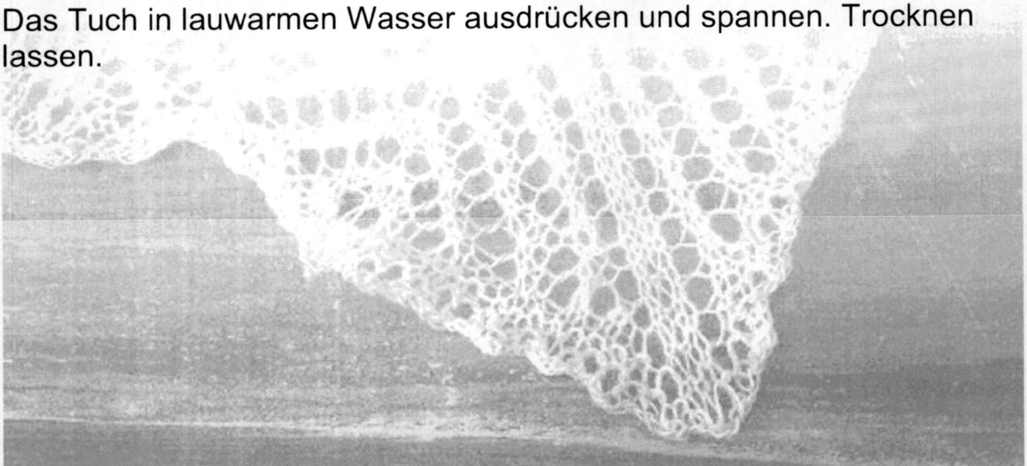

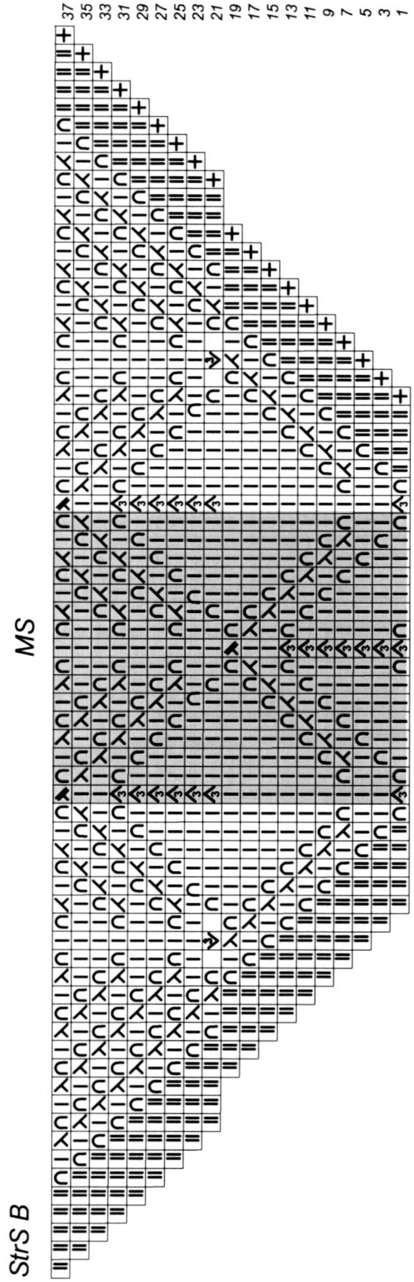
StrS B
MS

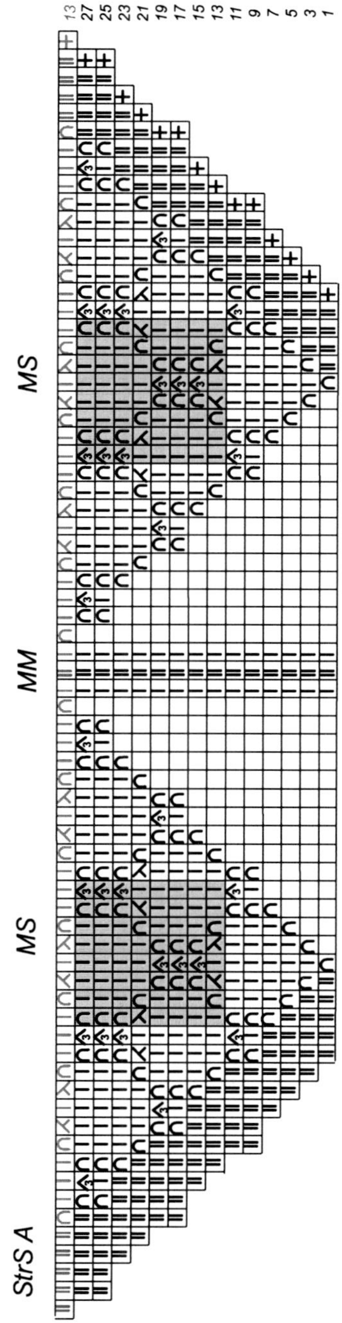
StrS A
MS
MM
MS

Holzperlentuch/D

Anleitung Holzperlentuch/D

Größe leicht gespannt ca. 75 cm x 160 cm

Material: 100 g Melody von Jojoland, 100 % Wolle LL 200 m/50 g
100 g Sockengarn, 75 % Schurwolle, 25 % Polyamid,
LL 210 m/50g, ca 150 nicht färbende Holzperlen, Stricknadel Nr. 4,5.

Muster
Das gesamte Tuch mit Knötchenrand str.
Bei den RR der StrS A und B die ersten und letzten 3 M stets re str, alle anderen M und US li str.
In der StrS A1 ist die rechte Hälfte des Tuches bis einschließlich der MM gezeichnet, in StrS A2 die linke.
Die StrS B zeigt einen MS der "Perlenkante". Dieser ist so zu ergänzen, dass * der StrS A1 über * der StrS B kommt. Die li Seite gegengleich arbeiten

Anleitung
Mit Garn "Melody" 5 M aus einem Fadenring anschlagen (s. Seite 60) und 5 R kr re str. Dabei in der 2. und 4. R je 2 M zun. Mit diesen 9 M nun nach StrS A1 und A2 weiter str. Die R 23 bis 38 so oft wiederholen, bis die gewünschte Größe bis zur Kante erreicht ist. Dabei das Muster zum Rand hin entsprechend ergänzen und auch die Zun. weiter führen. Für die Kante jetzt 4 R kr re mit Sockengarn, 2 R gl re mit "Melody" und dann 4 R kr re, 2 R gl re und die Musterkante nach StrS B mit Sockengarn str. Zum Abschluss wieder 2 R gl re, 4 R kr re mit Sockengarn, 2 R gl re mit "Melody", 4 R kr re mit Sockengarn, 2 R gl re mit "Melody"und damit dann noch beliebig viele R kr re str. Am Modell 5 R. Nun alle M locker abketten.

StrS B *MS*

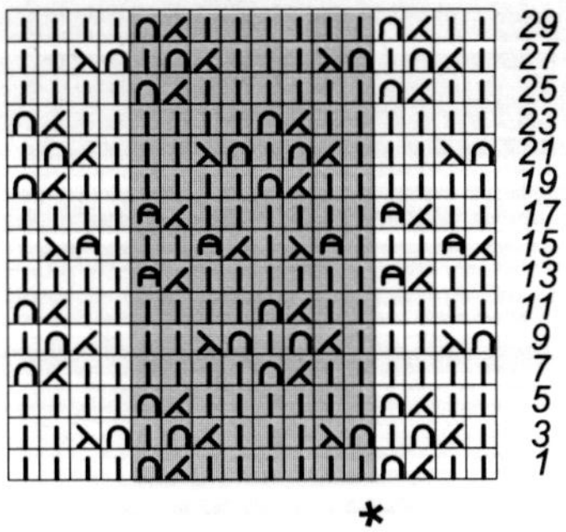

StrS A2

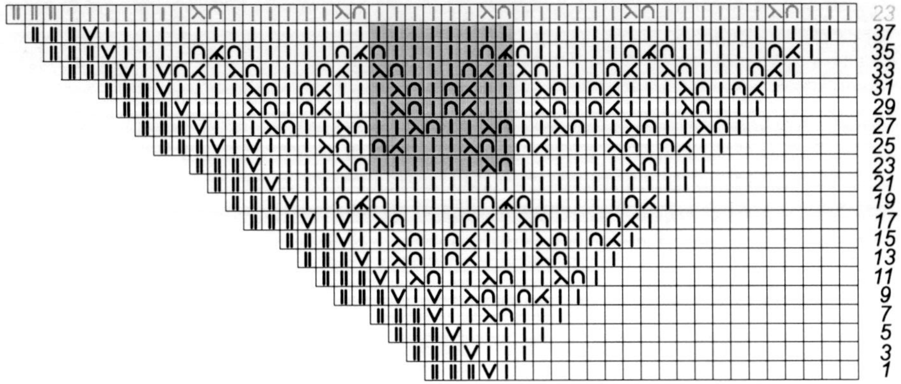

StrS A1

MM *MS* *

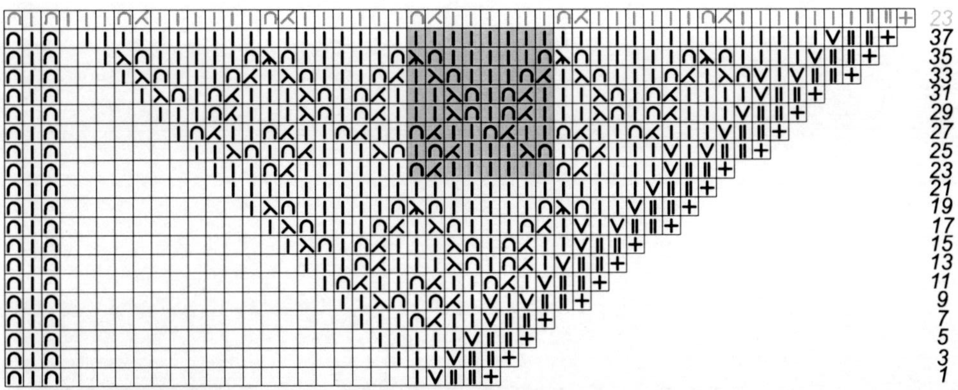

Eiskristall/D

Anleitung Eiskristall/D

Größe ohne Spannen ca.95 cm x 190 cm

Material: 125 g “Scheba”, 80% Kid Mohair, 20% Polyamid,
LL 155 m/25 g, 1 Rundstricknadel Nr. 6, ca. 270 Acrylperlen, klar oder. in einer passenden Farbe

Muster
Das gesamte Tuch mit Knötchenrand str.
RR bei StrS A re str, bei StrS B und C die ersten und letzten 7 M stets re str, alle anderen M und US li str.
In den StrS B und C ist jeweils das Muster bis einschließlich der MM gezeichnet.

Anleitung
5 M aus einem Fadenring (s. Seite 60) anschlagen und nach StrS A str. Mit diesen 19 M nun nach StrS B weiter arbeiten. Ab MM von * bis * einmal wiederholen, dann gegengleich mit 7 re M enden. Die R 11 bis 25 so oft wiederholen, bis die gewünschte Größe ohne Kante erreicht ist. Diese nach StrS C str. Sie schließt an R 23 der StrS B an. Nach R 31 noch beliebig oft kr re str. Am Modell 2 R. Nun alle M sehr locker abketten.
Wurde ein Garn anderer Qualität verwendet, dann empfiehlt sich evtl. ein Spannen des Tuches.

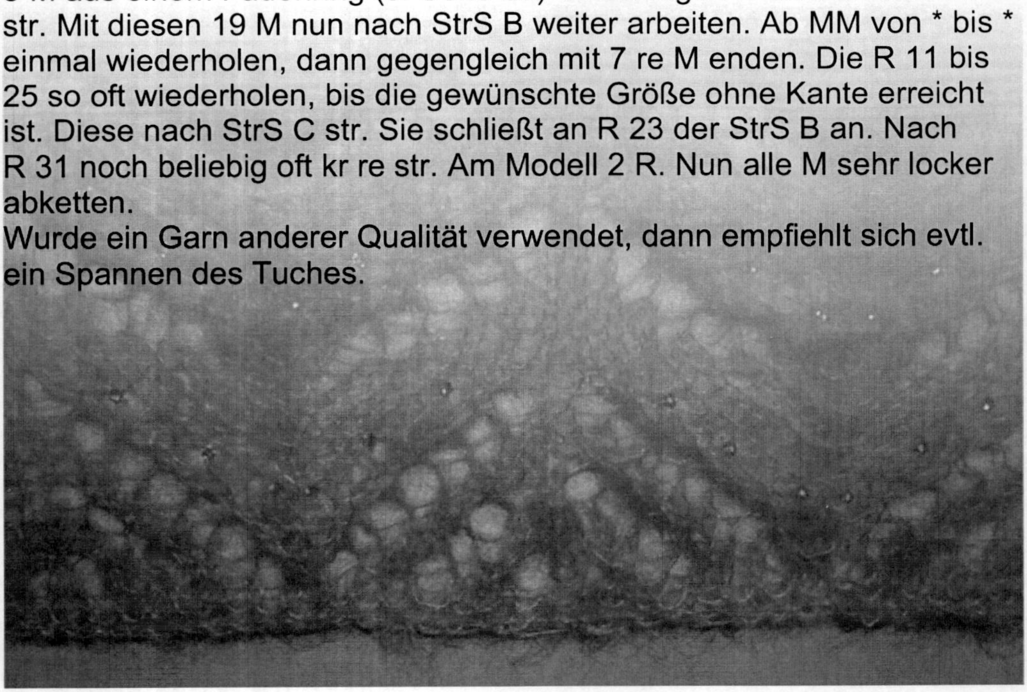

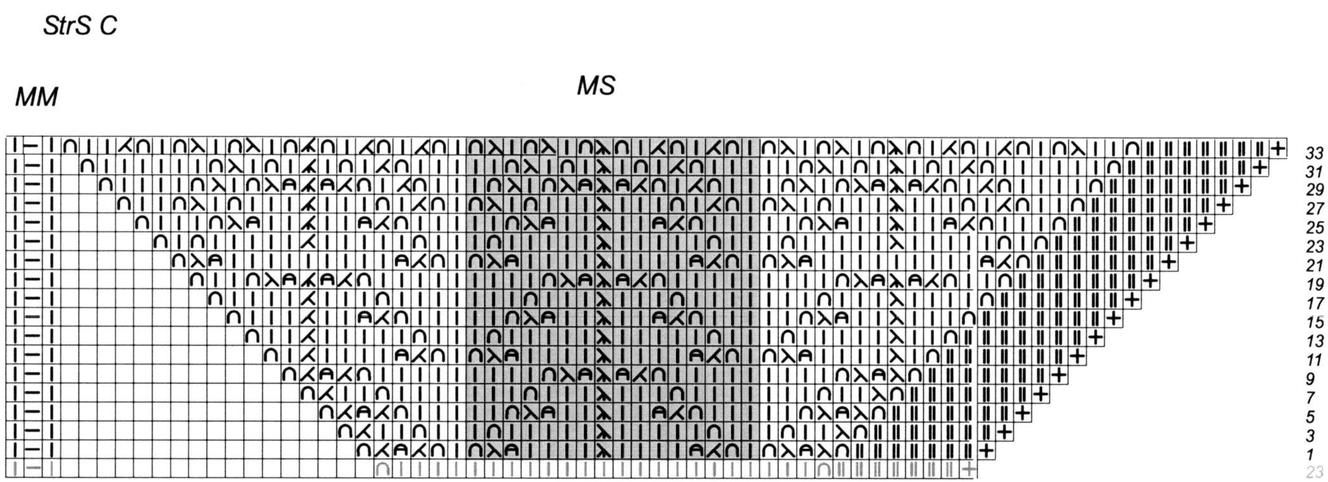
StrS C
MM
MS
33
31
29
27
25
23
21
19
17
15
13
11
9
7
5
3
1
23

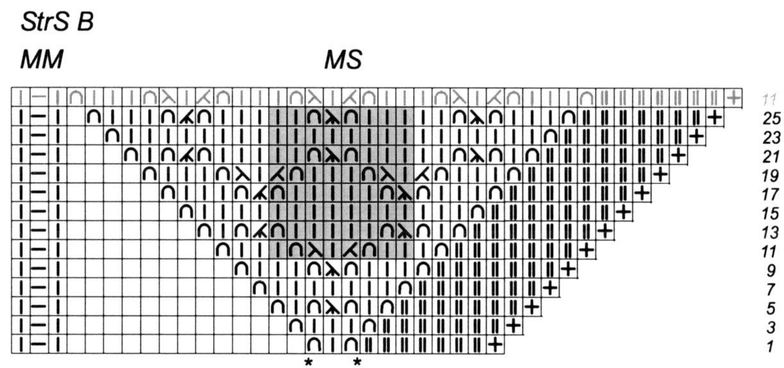
StrS B
MM
MS
11
25
23
21
19
17
15
13
11
9
7
5
3
1
*
*

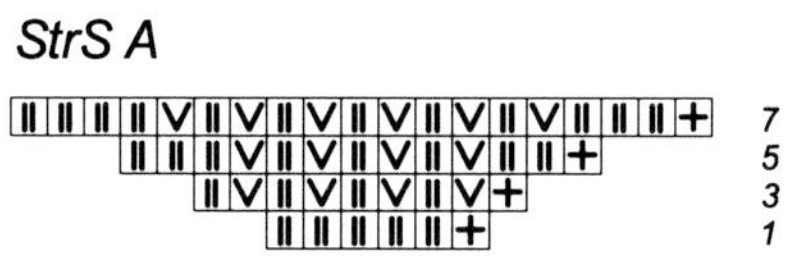
StrS A
7
5
3
1

Famos/D

Anleitung Famos/D

Größe nach dem Spannen ca 60 cm x 160 cm

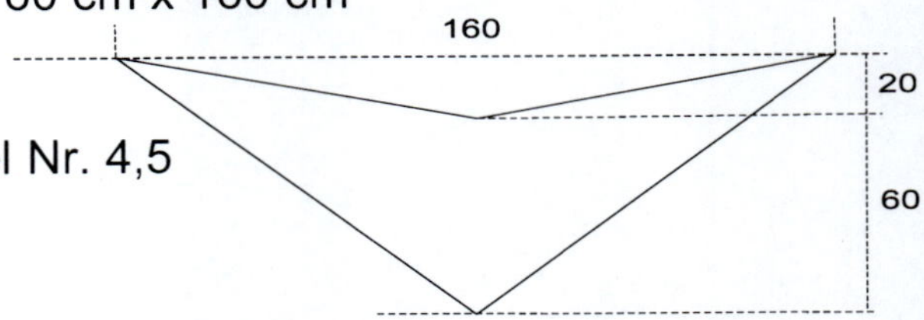

Material: ca 80 g Uruwolle,
LL 750 m/100 g, Stricknadel Nr. 4,5

Muster:
Das gesamte Tuch mit Knötchenrand str. Bei der ersten Hälfte des Tuches in den RR die ersten 7 und die letzen 2 M re, die anderen M und US li str. Bei der zweiten Hälfte, die ersten 2 und die letzten 7 M der RR re, die anderen M und US li str.
Das Randmuster nach StrS A, bzw. A1 und C, bzw. C1, das Flächenmuster nach StrS B, bzw. B1 arbeiten.

Anleitung

123 M über einen Faden anschlagen (s. Seite 9) und li abstricken. In der 1. R 94 M re str, dann nach StrS A weiter arbeiten. Ab R 5 dann nach den 7 kr re M mit R 5 des Flächenmusters nach StrS B anfangen. Den MS entsprechend oft wiederholen.

Für die Randbordüre die R 1 bis 32 der StrS A, und für das Flächenmuster die R 1 bis 10 der StrS B fortlaufend wiederholen.

Um die leichte Pfeilform des Tuches zu erreichen wird in jeder 5. HR nach den 7 kr re M 1 M re verschr zugenommen.

Nachdem 6 x in der Höhe die Randbordüre gestrickt wurde, nun den Zipfel nach StrS C solange weiter str, bis fast alle M aufgebraucht sind. Die letzten 7, oder 8 M abketten.

Für den zweiten Teil des Tuches die M vom Faden auf eine Nadel nehmen und das Tuch nach den Strickschriften A1, B1 und C1 gegengleich beenden. Auch hier wieder in jeder 5. HR vor den 7 kr re M 1 M re verschr zunehmen.

Das Tuch wie beschrieben spannen.

StrS A

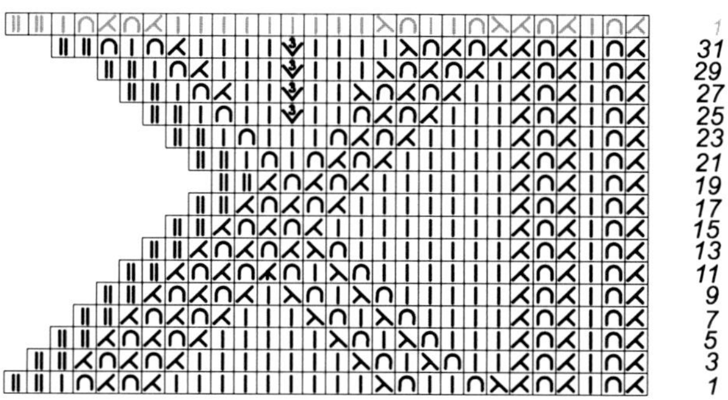

StrS B

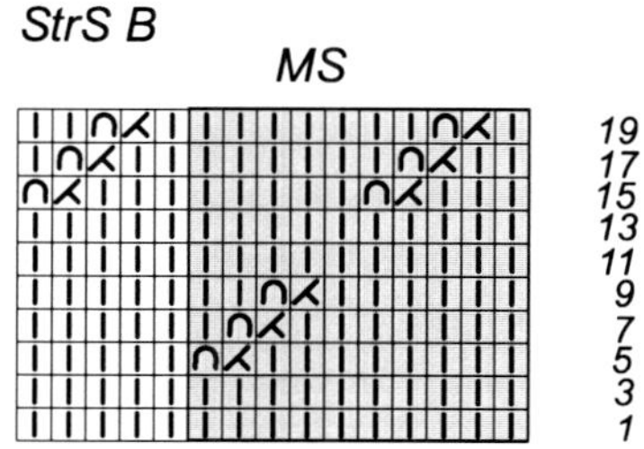

StrS C

usw.

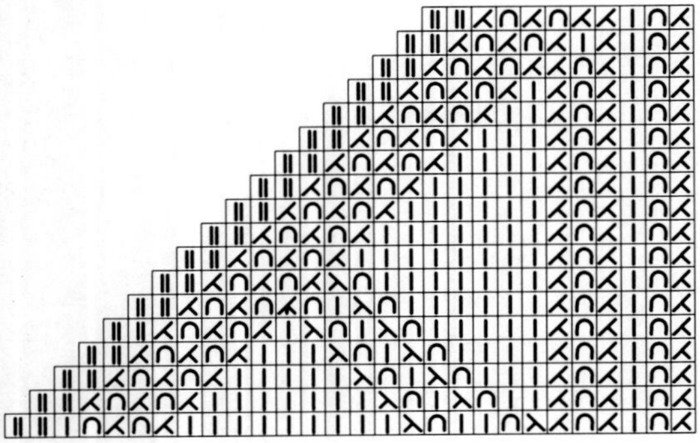

Strickschriften für die zweite Hälfte des Tuches

usw.

StrS C1

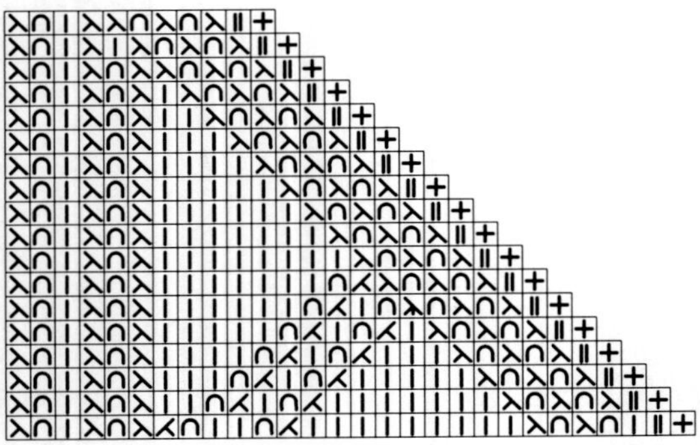

StrS A1

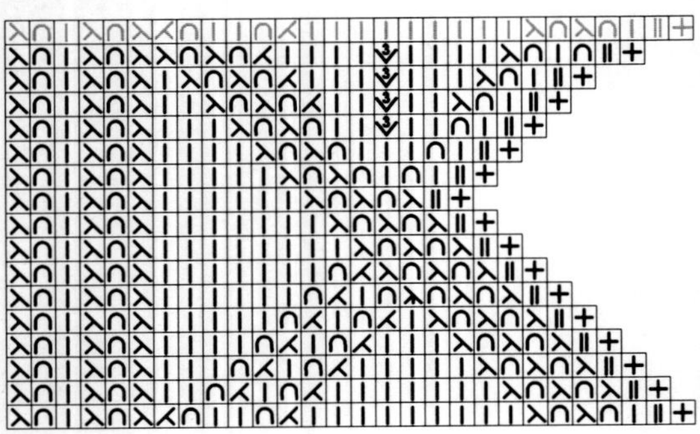

StrS B1

MS

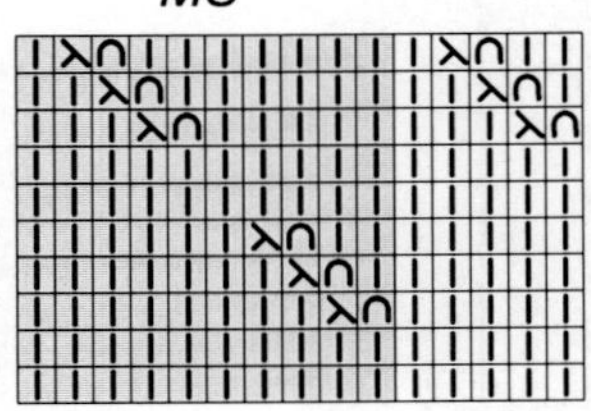

Woge/T

Anleitung Woge/T

Größe nach dem Spannen ca. 50 cm x 160 cm

Material: 100 g Uruwolle, LL 750 m/100 g,
1 lange Rundstricknadel Nr. 4, 5

Muster
Das gesamte Tuch mit Knötchenrand str. Die Hinreihen nach StrS stricken, bei den RR (R 2 und R 4) die ersten und letzten 11 M stets re, alle anderen M und US li str.
Die leeren Kästchen sind ohne Bedeutung.

Anleitung:
330 M anschlagen und 6 R kr re str, dann einteilen wie folgt:
RM; 10 M re; 14 x MS; 11 M re, die R 1 bis 4 nach StrS str., dann die R 5 bis 8 re str (kr re). Die Reihen *1 bis 8* noch 3 x wiederholen.
Für den mittleren Teil des Tuches nun die R 1 bis 4 nach StrS und die R 5 bis 8 gl re (HR re, RR li) Diese 8 Reihen noch 7 x wiederholen.
Für den letzten Teil die Reihen *1 bis 8* noch 4 x str. Nun noch 2 R re (kr re) str und dann locker abketten.

Die Stola wie beschrieben spannen.

StrS

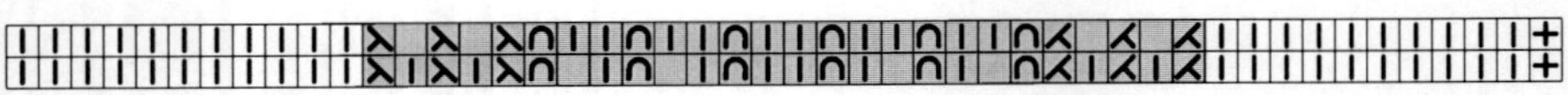

3
1

MS

Die Länge dieses Tuches kann durch Hinzufügen, bzw. Weglassen von MS (22 M) verändert werden.
Wollen Sie einen Schal arbeiten, dann wiederholen Sie die Reihen *1 bis 8* bis zur gewünschten Breite und schließen mit 2 R re (kr re) ab.

CharismaT

Anleitung Charisma/T

Größe nach dem Spannen ca. 55 cm x 175 cm

Material: 100g Uruwolle, LL 750 m/100 g, ca. 180 waschbare Indianerperlen, bzw. Rocailles, Stricknadel Nr. 4,5

Muster

Tuchmuster nach den StrS A, Kante nach StrS B str. In den RR jeweils die ersten und letzten 3 M re, sonst alle M und US li str. Bei der Kante die "Perlmasche" lt. Anleitung abstricken.

Anleitung

89 M über einen Faden anschlagen (s. Seite 9) und li abstricken. Jetzt nach Str A (dabei den MS 2 x str), die M einteilen. Die Reihen 1 bis 39 bis zur gewünschten Stolalänge ohne Kante wiederholen.
Für die Kante mit R 1 der StrS A enden (91 M) und nach StrS B weiter arbeiten. Dabei 12 x den MS in der Breite und 5 x die R 1 bis 4 wiederholen. Mit 4 R re (kr re) enden. Locker abketten.
Nun die M vom Faden auf eine Nadel nehmen, durch verteilte Zunahmen die Maschenzahl auf 91 ergänzen und auch diese Kante wie eben beschrieben anstricken.

Das Tuch wie angegeben spannen.

Perlen verarbeiten

Perlen können Sie mit Hilfe eines Nadeleinfädlers einstricken. Diese dazu auf den Nadeleinfädler stecken und dann das Garn durch die Perle zeihen. Da bei dieser Methode das Garn doppelt ist, klappt das nicht immer. Sie können das Garn auch mit einer extrem feinen Häkelnadel, z.B. Nr. 0,65 durch die Perle ziehen.

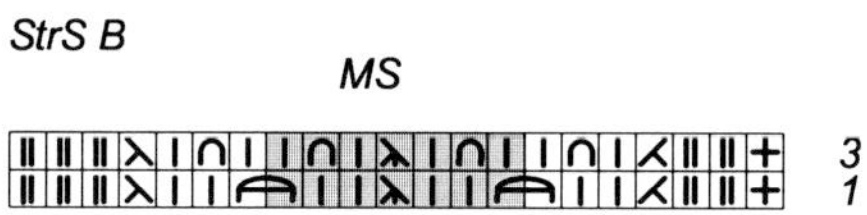
StrS B
MS
3
1

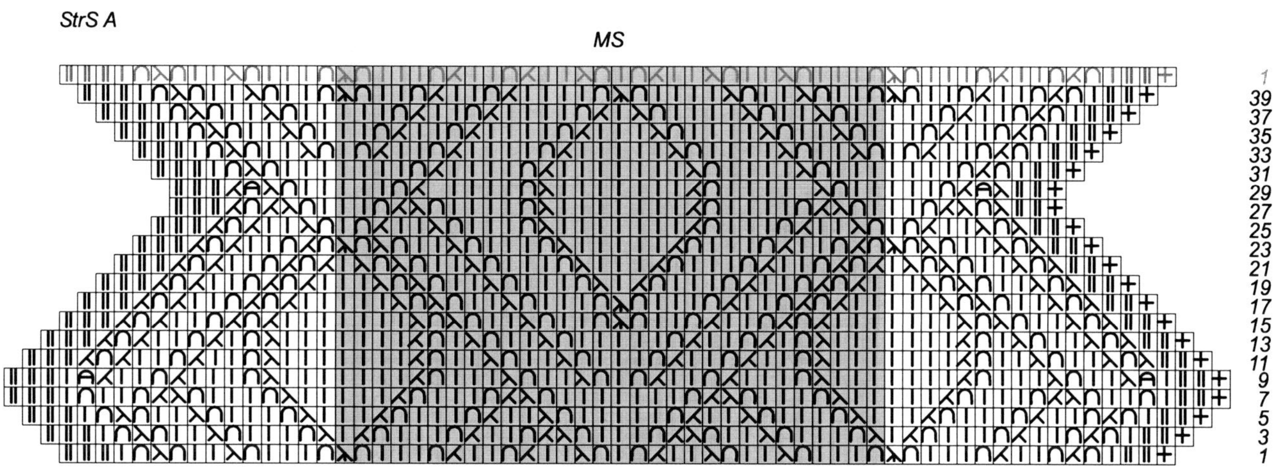
StrS A
MS
1
39
37
35
33
31
29
27
25
23
21
19
17
15
13
11
9
7
5
3
1

Harmonie/T

Anleitung Harmonie/T

Größe nach dem Spannen ca. 63 cm x 160 cm

Material: 100 g Uru-Wolle, LL 750 m/100 g, Stricknadel Nr. 4,5

Muster
Immer Knötchenrand stricken.
Die RR in StrS A1 und A2 wie angegeben str. Bei den StrS B und C in den RR (nicht angegeben) alle M und US stets li str.

Anleitung
108 M anschlagen und 6 Reihen kr re stricken. Dann Einteilung lt. Schemazeichnung vornehmen. Nach Erreichen der Höhe, in diesem Fall nach 31 Mustern, mit der Reihe 1 des Musters enden.

Danach gegengleich zum Anfang 6 Reihen kr re stricken. Alle M sehr locker abketten.

Das Tuch in lauwarmen Wasser ausdrücken und spannen.

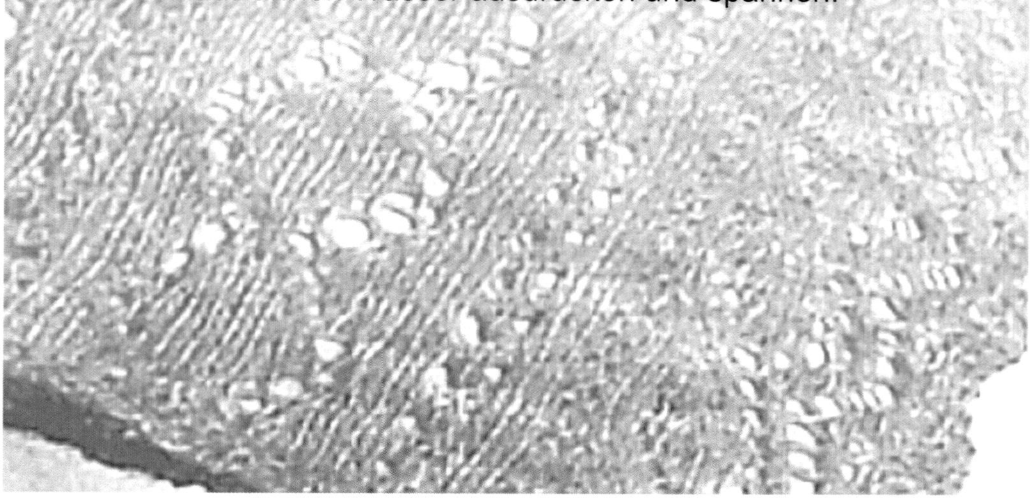

Musteranordnung

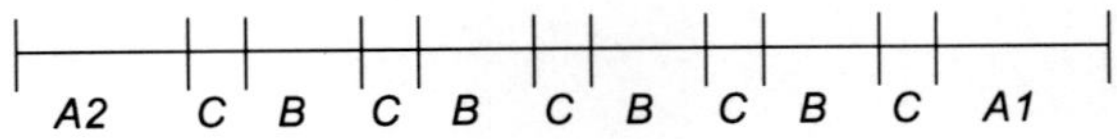

StrS A2

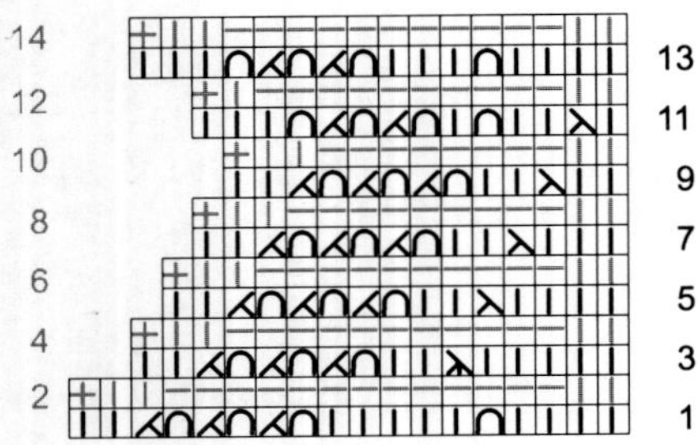

StrS A1

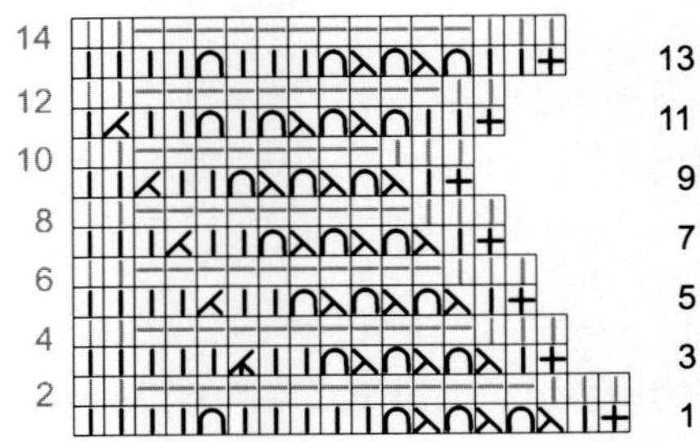

StrS B

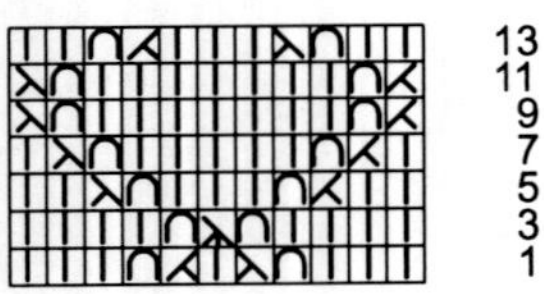

StrS C

Schmeichelei/T

Anleitung Schmeichelei/T

Größe ungespannt ca. 80 cm x 190 cm

Material: 150g "Kid Light" von Schachenmayr, 35% Polyamid, 35% Polyacryl, 30% Kid Mohair, LL 300 m/50 g, Rocailles 2,5 mm (16 g) In einer passenden Farbe, Stricknadel Nr. 7, 1 Nadeleinfädler.

Muster
Das gesamte Tuch mit Knötchenrand str.
Nach StrS A und B arbeiten. Alle RR li str, nur die ersten und letzen 3 M jeder R immer re str (kr re). Leere Kästchen haben keine Bedeutung.

Anleitung
MA: 95 M über einen Faden anschlagen (s. Seite 9). 1. R li str, dann nach StrS A weiter arbeiten. Dabei den MS noch 2 x in der Breite wiederholen. Die R 1 bis 12 so oft wiederholen, bis die halbe Stolalänge erreicht ist. Nun R 1 der StrS A str und dann die Kante nach StrS B anstricken.
Noch einige R kr re stri. Im Modell sind es 4 R. Alle M sehr locker abketten.
Die Maschen vom Hilfsfaden auf die Nadel nehmen und den 2. Teil ebenso str.

Nach der gleichen Anleitung, nur ohne Perlen und mit anderer Kante habe ich das Tuch aus 100 g Harmony von Jojoland, 100% Merino, LL 800 m/50 g mit Stricknadel Nr. 4 gestrickt.

Größe gespannt ca. 65 cm x 260 cm

Anleitung
MA.99 M, weiter wie oben. Den MS 5 x und die ersten und letzten 5 M re str. Die Kante nach StrS C, statt B arbeiten. Dabei an R 1 der StrS A anschließen.
Tuch wie angegeben spannen.

StrS C

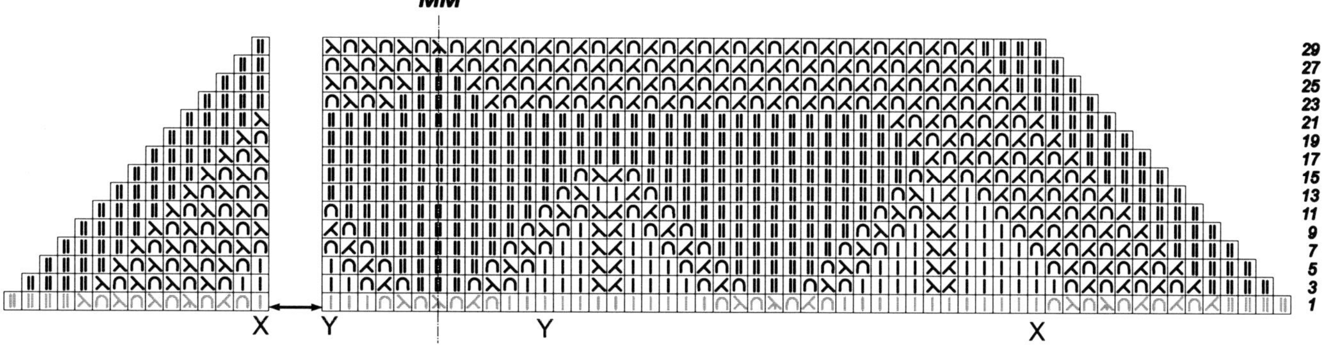

gegengleich zur rechten Seite ergänzen

StrS B

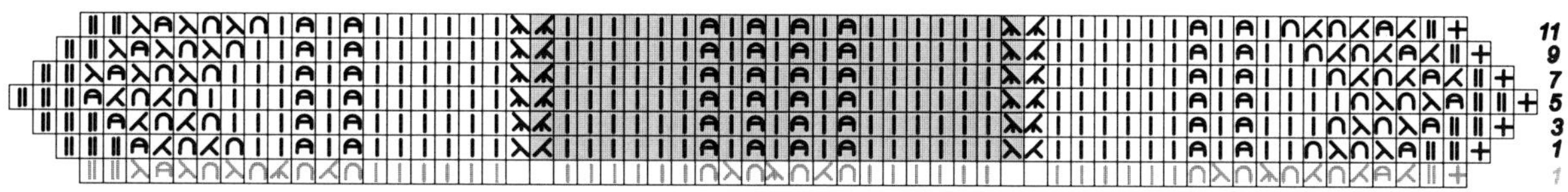

StrS A

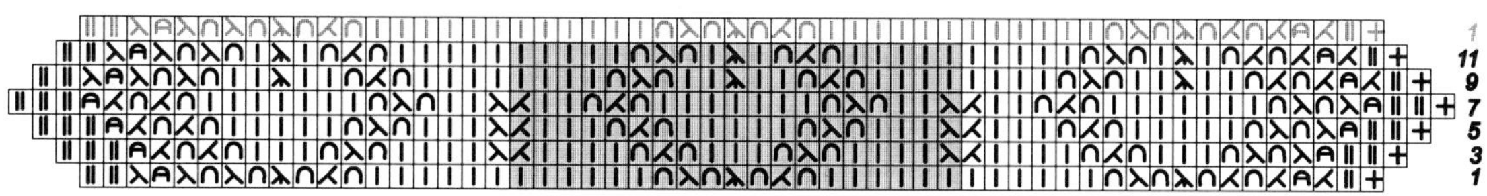

Tautropfen/T

Anleitung Tautropfen/T

Größe nach dem Spannen ca. 65 cm x 2 m

Material: 200 g Seidana von Junghans, 50% Polyacryl, 30% Schurwolle, 20% Naturseide, LL 275 m/50 g, 1 Dose (17 g) waschbare Indianerperlen mit Silbereinzug, 1 Rundstricknadel Nr. 5, 1 Nadeleinfädler bzw. eine feine Häkelnadel Nr. 0,65

Muster
Immer Knötchenrand arbeiten.
Rechten Rand nach StrS Ra1 und linken Rand nach StrS Ra2 str, die RR der Randbordüre re str.
Ajourmuster nach den StrS A und B str. In den nicht gezeichneten RR alle M und US li str.

Anleitung
115 M anschlagen und 4 R kr re str.
Jetzt nach Str Ra1, Str A (dabei den MS 6 x str), StrS Ra2 die M einteilen. Die Reihen 1 bis 7 noch einmal wiederholen. Nun nach Str B zwischen den Randmustern weiter arbeiten
Nach der halben Tuchlänge (7 x die R 1 bis R 32 der StrS B) die Maschen still legen und die 2. Hälfte der Stola gleichermaßen str. Diese jedoch mit R 30 des letzten Musters beenden.
Beide Teile mit Maschenstich verbinden.

Die Stola wie beschrieben spannen.

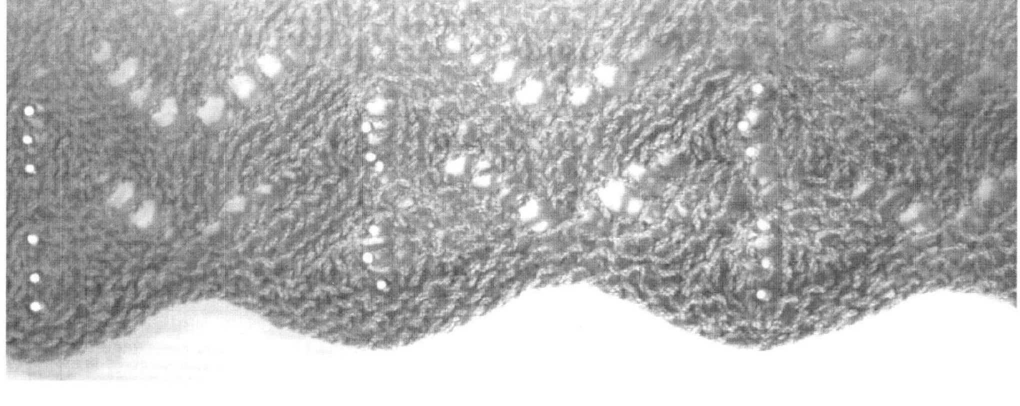

StrS B MS

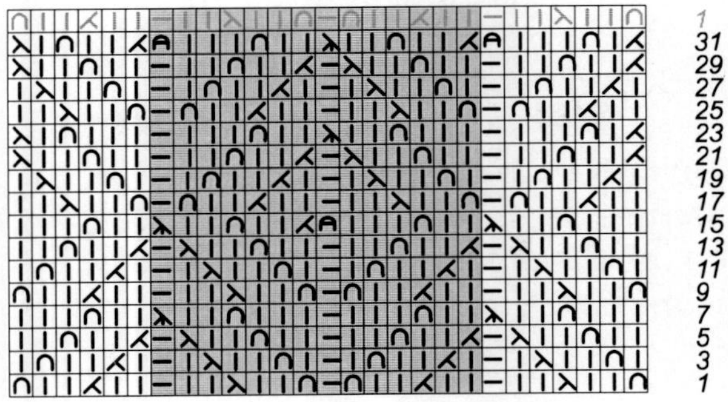

StrS A MS

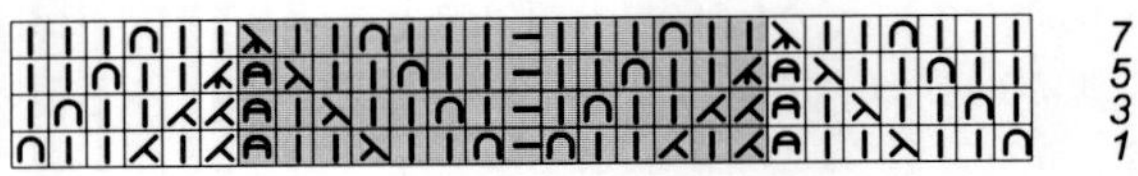

StrS Ra 2

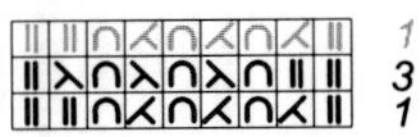

StrS Ra 1

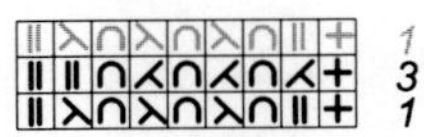

Finesse/T

Anleitung Finesse/T

Größe gespannt ca. 195 cm x 60 cm, siehe auch Skizze

Material: ca. 75 g "Kid Silk Night" von Rowan, 67% super Kid Mohair, 18% Seide, 10% Polyester, 5% Nylon, LL 208 m/25 g, Rocailles 2,5 mm (16 g, bzw. ca 160 Stck) für dieses Modell in klar mit Silbereinzug, Stricknadel Nr. 7, 1 Nadeleinfädler oder eine ganz feine Häkelnadel (Gr. 0,65)

Muster
Das gesamte Tuch mit Knötchenrand str.
Nach StrS A und StrS B arbeiten. Alle RR li str, nur die ersten und letzen 7 M jeder R immer re str (kr re).

Anleitung:
MA: 71 M über einen Faden anschlagen (s. Seite 60). 1. R li str, dann nach StrS A weiter arbeiten. Die R 3 bis 16 so oft wiederholen, bis die halbe Stolalänge erreicht ist. Beim Modell 8 x. Den Abschluss nach StrS B anstricken Die letzten 3 M sehr locker abketten.
Die Maschen vom Hilfsfaden auf die Nadel nehmen und den 2. Teil ebenso arbeiten. Die fertige Stola spannen.

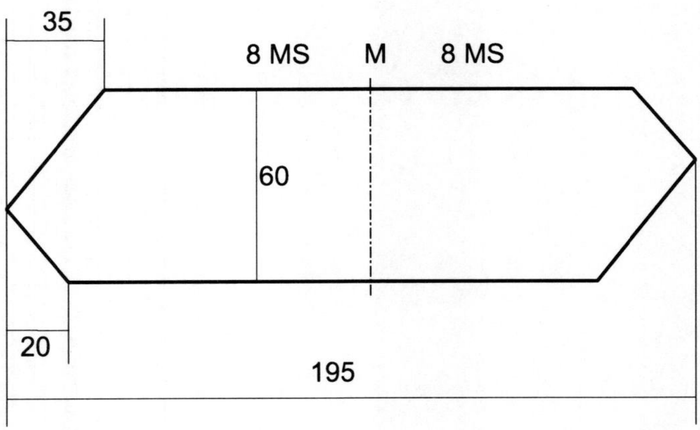

StrS B

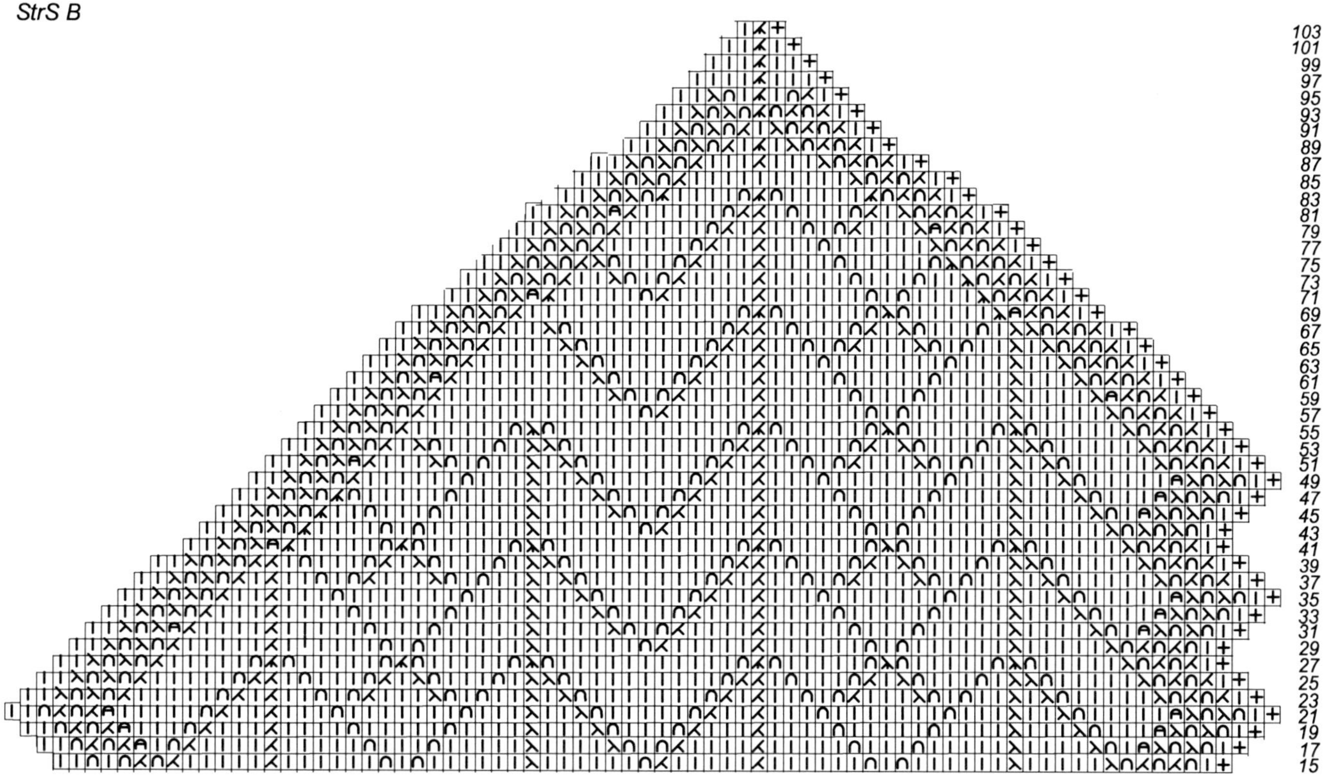
103
101
99
97
95
93
91
89
87
85
83
81
79
77
75
73
71
69
67
65
63
61
59
57
55
53
51
49
47
45
43
41
39
37
35
33
31
29
27
25
23
21
19
17
15

StrS A

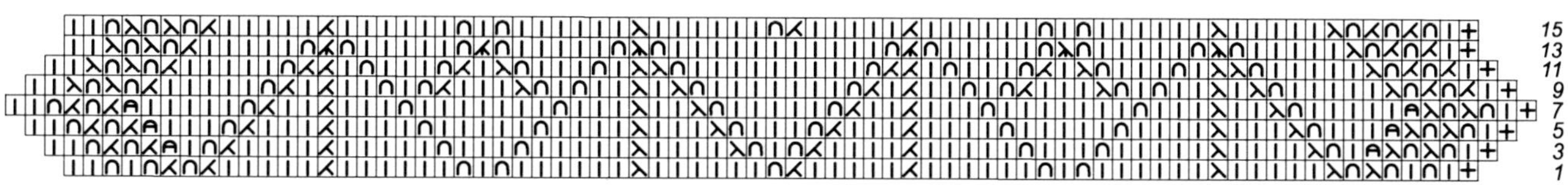
15
13
11
9
7
5
3
1

Juwel/S und Flair/S

Anleitung Juwel/S

Größe nach dem Spannen ca. 15 cm x 2 m

Material: 65 g Seidana von Junghans, 50% Polyacryl, 30% Schurwolle, 20% Naturseide, LL 275 m/50 g, Stricknadel Nr. 4,5

Muster
Stets Knötchenrand str.
Nach StrS A und B str, dabei in den RR die ersten und letzten 7 M, bzw. US re str, alle anderen M und US li str.

Anleitung
5 M aus einem Fadenring anschlagen(s. Seite 60) und 2 R re str. Die Spitze nach StrS A arbeiten.
Dann die R 1 - 11 der StrS B so oft wiederholen bis die halbe Länge des Schals erreicht ist, in diesem Modell 22 x.
Alle M still legen und die 2. Hälfte des Schals ebenso str. Nun beide Teile mit Maschenstich verbinden.
Alle Fäden vernähen und den Schal spannen. Erst nach dem Trocknen die Fadenenden abschneiden.

StrS B

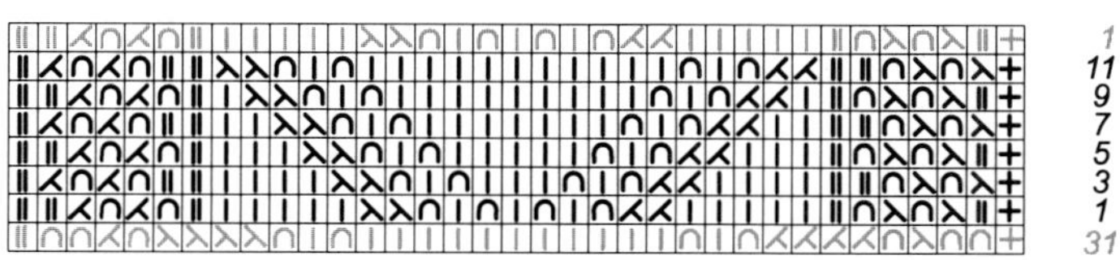

StrS A

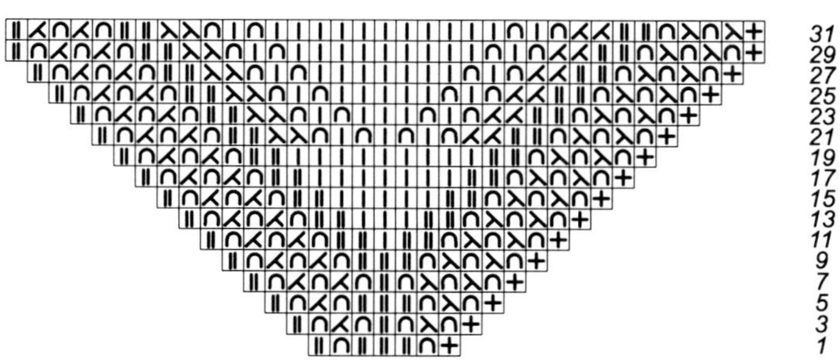

Anleitung Flair/S

Größe nach dem Spannen ca 12 cm x 2 m

Material: 50 g Seidana von Junghans, 50% Polyacryl, 30% Schurwolle, 20% Naturseide, LL 275 m/50 g in weiß, 1 Dose waschbare Indianerperlen, 1 Stricknadel Nr. 5

Muster
Stets Knötchenrand arbeiten.
Nach StrS A str, dabei in den RR die ersten und letzten 6 M und alle in den HR als kr re gezeichneten M re str. Die anderen M und US li str.
Spitze nach StrS B str, RR wie bei A.

Anleitung
21 M über einen Faden (s. Seite 9) anschlagen, li abstricken und dann mit R 7 der StrS A beginnen. Die R 1 bis 12 so oft wiederholen, bis die halbe Länge des Schals erreicht ist. Hier am Modell 22 mal. Nun die Spitze nach StrS B arbeiten. Die letzten 3 M abketten. Mit den M vom Anschlag-faden die 2. Hälfte des Schals genauso str.
Alle Fäden vernähen und den Schal in lauwarmen Wasser einweichen, gut ausdrücken und dann spannen.

StrS A

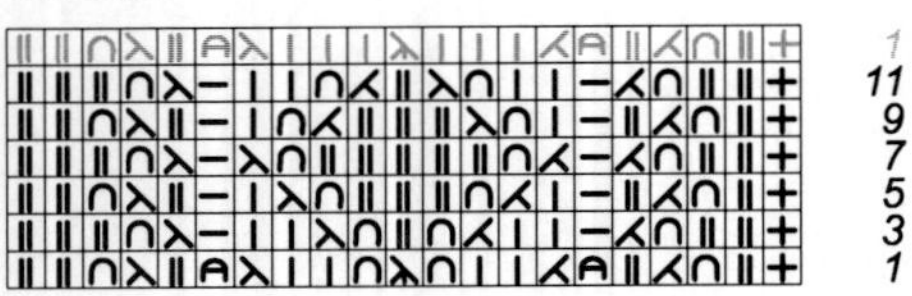

StrS B

Episode/S

Anleitung Episode/S

Für diesen Schal habe ich Teile des Musters von „Finesse/T" genutzt. Bei Verwendung der beiden seitlichen Muster, ohne Mittelmuster, entstand dieses schöne Schalmuster.

Größe mit Spitze nach dem Spannen ca. 27 cm x 185 cm

Material: 100 g Strumpfgarn, LL 420 m/100 g
Stricknadel Nr. 4,5; Häkelnadel Nr. 4, einige Meter Garn in einer Kontrastfarbe

Muster
Nach StrS A und StrS B arbeiten. Die ersten und letzten 7 M, bzw. US, in den RR re str, auch wenn sie in den StrS nicht als kr re angegeben sind. Die übrigen M und US li str.

Anleitung
Aus dem kontrastfarbigen Garn eine Luftmaschenkette von mindestens 45 LM häkeln. Aus den unteren Maschengliedern der LM nun 41 M aufnehmen und 1 RR str. *Jetzt nach StrS A weiter arbeiten. Die R 3 - 16 bis zum Erreichen der halben Schallänge ohne Spitze wiederholen. Am Modell 15 x. Nun die Spitze nach StrS B arbeiten. Dabei entspricht die R 1 von StrS B der R 13 von StrS A. Die letzten 7 M abketten.
Für die andere Hälfte des Schals die Luftmaschenkette auftrennen und die frei werdenden Maschen auf die Nadel nehmen. Den 2. Teil ab * genauso arbeiten.
Alle Fäden vernähen und den Schal in lauwarmen Wasser einweichen, gut ausdrücken und dann wie beschrieben spannen.

StrS B

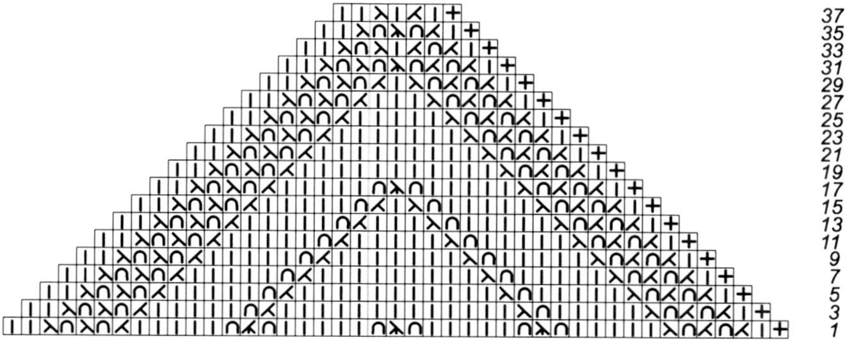

StrS A

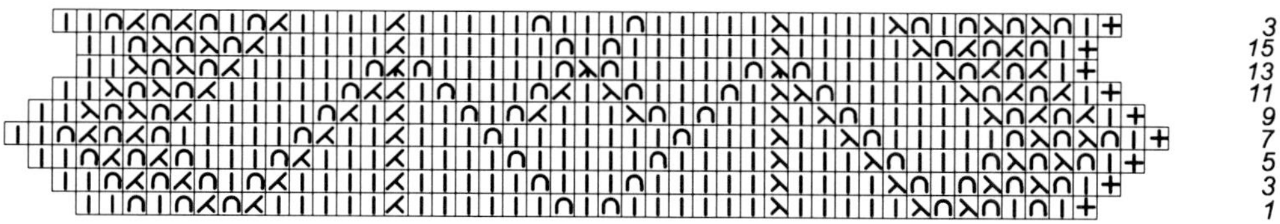

Abändern von Muster

So wie hier, so können Sie auch bei anderen Mustern Teile weg lassen, neu zusammen fügen oder einfach nur die MS öfter oder weniger oft stricken.
Probieren Sie es aus. So kann aus einem Schalmuster evtl. ein Tuch werden, oder aus einem Tuchmuster ergibt sich ein schicker Schal.
Statt eines Umschlages kann eine Perle eingefügt werden. Trauen Sie sich zu Ihre eigenen Ideen zu verwirklichen.

Trivial/S

Anleitung Trivial/S

Größe nach dem Spannen ca. 40 cm x 185 cm

Material: ca 180 g Melody von Jojoland, 100% Wolle, LL 200m/50g
Stricknadel Nr. 4,5

Muster
Knötchenrand arbeiten.
Schalmuster nach den StrS A, Spitze nach StrS B str, hier haben die leeren Kästchen keine Bedeutung. Alle M und US der RR re str.

Anleitung
61 M über einen Faden (s. Seite 9) anschlagen und re abstricken. Jetzt nach Str A (dabei den MS 3 x str), die M einteilen. Die Reihen 1 bis 12 bis zur gewünschten Schallänge ohne Spitze wiederholen. Am Modell noch 36 x.
Für die Spitze mit R 7 der StrS A enden (65 M) und nach StrS B weiter arbeiten. Die letzten 5 M locker abketten .
Nun die M vom Faden (61 M) auf die Stricknadel nehmen und die andere Spitze ab R 5 der StrS B arbeiten.

Fäden vernähen und den Schal wie angegeben spannen.

Stricknadeln

Am besten verwenden Sie Rundstricknadeln. Da gibt es mittlerweile schon die verschiedensten Ausführungen. Mit Spitzen aus Metall, Bambus oder edlem Holz. Letztere sind sehr leicht und stricken sich fantastisch. Aber sie sind nicht so robust wie die herkömmlichen Metallnadeln.

StrS B

so weiter str bis nur noch 15 M sind. Dann die Spitze str.

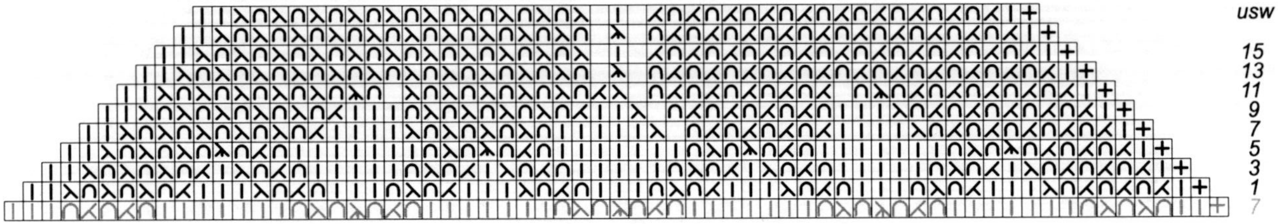

StrS A

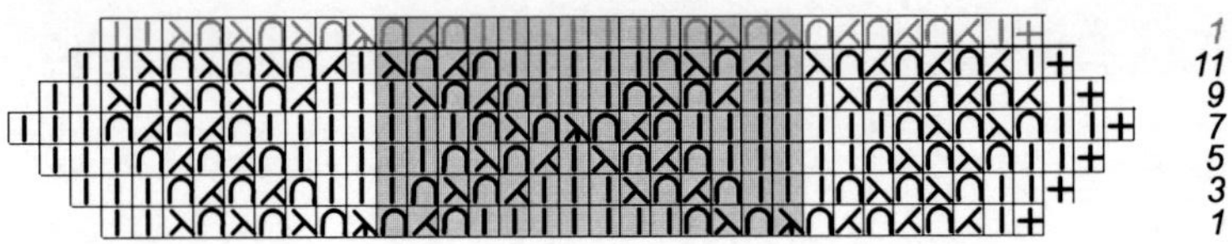

MS

Kathi/S

Anleitung Kathi/S

Breite ohne Spannen ca. 20 cm, Länge für 50 g etwa 1,90 m

Material: 50g "Kid Light" von Schachenmayr, 35% Polyamid, 35% Polyacryl, 30% Kid Mohair, LL 300 m/50 g, Stricknadel Nr. 8

Muster
Den gesamten Schal mit Knötchenrand str.
Perlmuster: 1 re M, 1 li M wiederholen und in der RR versetzen,
Ajourmuster: nach StrS arbeiten, dabei die nicht gezeichneten RR re str

Anleitung
27 M anschlagen und 4 R im Perlmuster str. Dann wie folgendermaßen einteilen: 3 M im Perlmuster, 21 M nach StrS, 3 M im Perlmuster.
Die R 3 bis 80 so oft wiederholen, bis die gewünschte Länge erreicht ist.
Als Abschluss wieder 4 R im Perlmuster str und alle M sehr locker abketten.
Fäden vernähen und evtl. spannen.

Nadelsysteme

Ganz besonders praktisch sind Systeme, bei denen Nadelspitzen verschiedener Stärken auf Seile unterschiedlicher Länge aufgeschraubt werden können. So können Sie sich die Stricknadel Ihrer Wahl zusammen setzen.
So lässt sich auch ganz bequem ein Strickstück still legen. Zu den Seilen gibt es Kappen, die Sie statt der Nadelspitzen aufschrauben können. Sehr praktisch bei den Tüchern, die in der Mitte begonnen werden. Sie haben nun die Möglichkeit das Tuch gleichzeitig nach beiden Seiten zu stricken. Nur Kappe gegen Nadel austauschen!

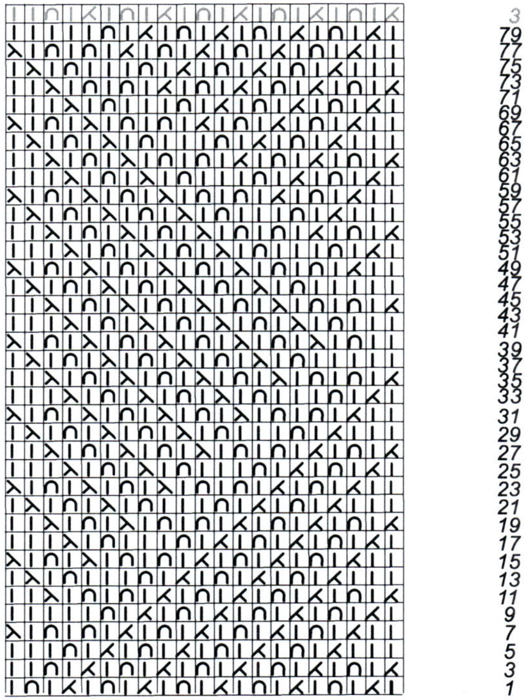

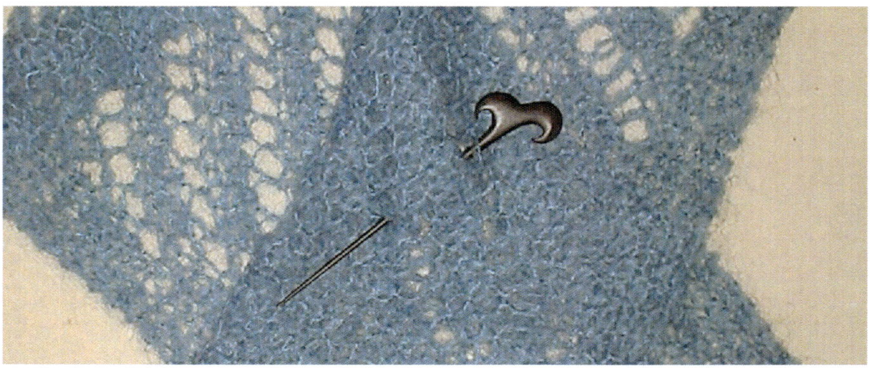

Schalnadel von „Jim Knopf“

Mit Hilfe so einer Schalnadel können Sie Ihr Tuch wunderbar drapieren.

Phänomen/S

Möbuisschal "Phänomen/S "

Ein Möbiusband ist ein geschlossenes, einmal gedrehtes Band.
So ein Möbius gestrickt, und je nach Größe als Schal oder Schultertuch getragen, ist ausgesprochen dekorativ.
Der hier gezeigte Schal hat so eine Größe, dass er als weitere Variante zweimal um den Hals geschlungen oder aber auch kapuzenähnlich über den Kopf gezogen werden kann.

Breite 42 cm, Umfang 95 cm

Material: 120 g Merinowolle auf Konen, 2fd., LL 750 m/100 g, Rundstricknadel Nr. 4,5, 1,20 m oder länger, 2 Strumpfstricknadeln Nr. 4,5

Muster
Maschenprobe: 1 MS ca 8 cm
In Ru str, jede 2. nicht gezeichnete Ru li str.
Muster I nach StrS A,
Muster II StrS B
In Ru str, die nicht gezeichneten Ru (jede 2.) li str.
Muster III StrS C
Die nicht gezeichneten RR re str.

Anleitung
216 M über einen Faden anschlagen und nach der allgemeinen Anleitung für einen Möbius arbeiten. Mit den nun 432 M nach Str A (12 x den MS) str, bis der Schal ca. 33 cm breit ist. 11 R nach Str B str, dabei in der 11. R verteilt 5 M abn (427 M, teilbar durch 6+1)
Die Kante wie folgt anstricken:
5 M auf einer Strumpfnadel anschlagen. Nach StrS C str, dabei jeweils die letzte M der HR mit einer Schalmasche zus str. Die R 3 bis 13 wiederholen. Wenn alle Schalmaschen aufgebraucht sind, die M auf der Strumpfnadel abketten und mit dem Anfang der Kante zusammen nähen.

StrS C

StrS B

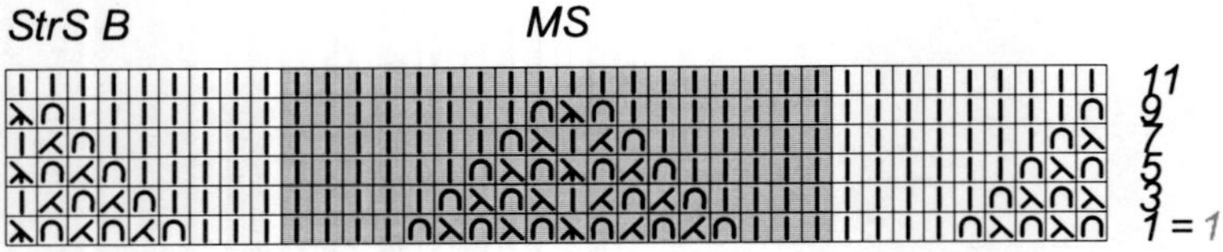

StrS A

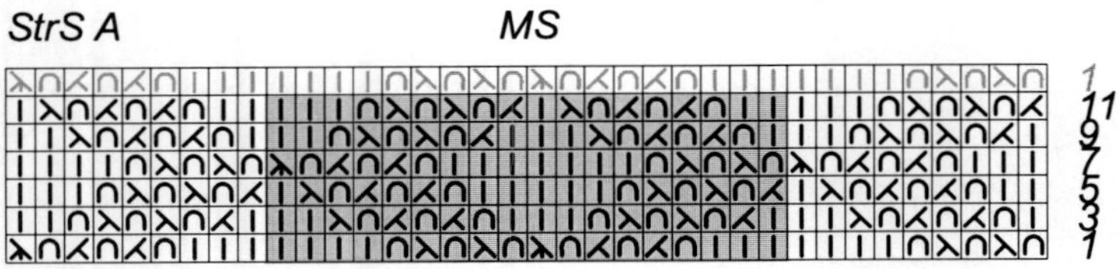

Anschläge

Wie vielerlei Maschenanschläge (MA) es gibt, das können Sie in vielen Handarbeitsbüchern und im Internet nachschauen. Bei meinen Entwürfen schlage ich die Maschen oft über einen Faden an. Siehe Anleitung auf Seite 9.

Manchmal beginnt ein Tuch, z. B. ein Dreieckstuch, nur mit wenigen M, die aus einem Fadenring angeschlagen werden. Dafür bilden Sie eine Fadenschlaufe, aus der Sie dann abwechselnd re und li Maschen stricken.

Allgemeine Anleitung für Möbiusschal

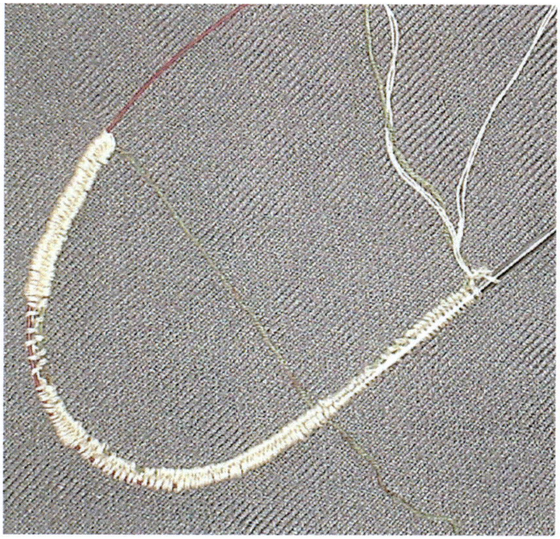

Mit Hilfe einer Maschenprobe ermitteln, wie viele Maschen für den Umfang des Schals nötig sind. Dabei müssen Sie beachten, dass die Anzahl ein Vielfaches des Mustersatzes betragen muss. Nun die Maschen wie schon beschrieben über eine Rundstricknadel (mindestens 1,20 m) und einen Faden anschlagen (s. Seite 9) und als RR abstricken.

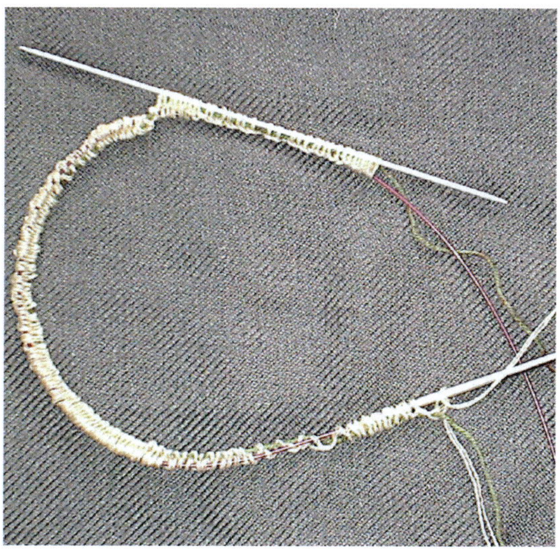

Jetzt in Runden weiter stricken. Dafür die Nadel mit der letzten abgestrickten Masche zur 1. Masche auf dem Seil biegen und so zum Ring schließen. Weiter gestrickt wird mit den Maschen, die auf dem Hilfsfaden liegen. Am besten den Hilfsfaden kurz etwas anziehen, damit die schon abgestrickte Reihe nicht verdreht wird.

Nun die Maschen vom Hilfsfaden schon im Muster des Schals (R. 1 der StrS) abstricken. Hier am besten einen Maschenmarkierer einhängen. Hilfreich ist es, eine dünne Strumpfstricknadel durch die nächsten Maschen zu schieben und von dort ab zu-stricken. Dabei bleibt das andere Ende der Rundstricknadel weiterhin unberücksichtigt.

Nach Ende dieser Runde die Maschen (doppelte Anzahl wie MA) so auf der Stricknadel verteilen, dass nun "normal" weiter gestrickt werden kann. Nach Erreichen des Reihen-anfangs (Maschenmarkierer !) Reihe 2 des Musters arbeiten.

Weiter nach Strickschrift, bis die gewünschte Schalbreite erreicht ist

Ponchopulli „Annelise“

Diesen Pulli möchte ich meiner Mutti widmen.
Sie weckte mein Interesse an Handarbeiten und brachte mir schon im Vorschulalter das Stricken und Sticken bei.

Anleitung Ponchopulli „Annelise“

Diese Anleitung gilt für Größe 42/44 und das angegebene Material. Möchten Sie ein anders Garn verwenden, dann empfehle ich eins, mit dem Sie die Maschenprobe wie angegeben erzielen.

Material: ca. 750 g „Merino 125“ von Austermann, LL125 m/50 g
Rundstricknadeln in verschiedenen Längen in Nr. 4,5 und 5

Muster:
Maschenprobe: glatt re, 21 M und 25 R ergeben 10 x 10 cm
MA : italienischer Anschlag ohne Hilfsfaden
Rand: glatter Rand
Bündchenmuster I: 1M re str, li M mit vorgelegtem Fd abheben
Bündchenmuster II: 1M re, 1 M li
Lochreihe: StrS L1 für Hin- und Rückreihen, StrS L2 für Runden
MM in HR und Ru li str, in RR re str
Musterblöcke nach StrS A bis D arbeiten.
Werden Hin- und Rückreihen gestrickt, dann in der RR alle M und US li str, die MM re str.
Wird in Runden gearbeitet, dann in jeder 2. Ru alle M und US re str, die MM li str.

kr re	- HR und RR re str
	- in Ru: 1 Ru re M, 1 Ru li M
glatt re	- HR re, RR li
	- in Ru immer re

Anleitung
MA: 97 M mit Stricknadel Nr. 4,5. In Hin- und Rückreihen str. R 1 – 4 Bündchenmuster I, R 5 Bündchenmuster II. R 3 – 5 noch 5x wiederholen. Lochreihe nach StrS L1
Weiter mit Nadel Nr. 5 und die Einteilung wie folgt vornehmen: RM *re str, 6. + 7. M zus str, weiter re str, 13.+14. M zus str, weiter re str, die 24. M li (MM)*. Von * bis* noch 3x wiederholen, dabei ist die letzte M (24. M vom 3. x) die RM. Jetzt sind noch 89 M auf der Nadel.

1. Musterblock
RM, StrS A (21 M), MM, StrS A, MM, StrS A, MM, StrS A, RM
Im Anschluss an StrS A 4 R kr re, 2 R gl re; dabei in den HR die Zunahme neben den MM weiterführen = 43 M zwischen den MM.

2. Musterblock
Weiter nach StrS B, dabei den MS in der Breite 3 x str.
Den Ponchoteil bis zum Schlitzende in Hin- und Rückreihen stricken. Dabei die HR nach StrS und die RR li, MM re str.. Am Ende der 13. R von StrS B die beiden RM zus str, Faden abschneiden und die M bis zur nächsten MM (li Schulter) auf die Nadel heben. Nun Faden neu ansetzen und in Runden weiter nach StrS B arbeiten. Von nun an jede 2. Ru re str, die MM immer li str. Nach Beenden von StrS B dann 6 R kr re, 2 R gl re; dabei in den HR die Zunahme neben den MM weiterführen = 75 M zwischen den MM

3. Musterblock
Weiter nach StrS C, dabei den MS in der Breite 8 x str.
Im Anschluss an C dann wieder 6 R kr re, 2 R gl re; dabei in den HR die Zunahme neben den MM weiterführen = 101 M zwischen den MM.

4. Musterblock
Weiter nach StrS D, dabei den MS 7 x in der Breite arbeiten.
Im Anschluss noch einige Ru kr re stricken. Die Zunahmen neben den MM beibehalten. Lochmuster nach StrS L2 arbeiten und dann locker abketten.
Der restliche Pulli wird glatt re nach der folgenden Anleitung gestrickt.

Bild 1

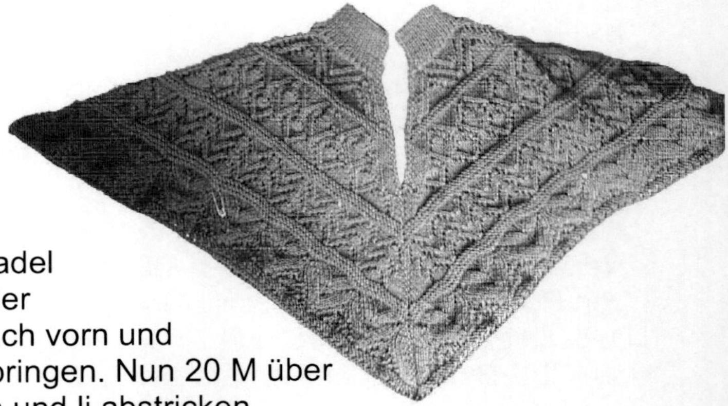

Innen vom Ponchoteil
aus der letzten kr re gestr
Ru Maschen auf eine Hilfsnadel
aufnehmen. Und zwar von der
Schulter-MM aus je 43 M nach vorn und
hinten, dabei die MM überspringen. Nun 20 M über
einen Hilfsfaden anschlagen und li abstricken.
Dann mit verkürzten R str. Dafür 2 M vom Hilfsfd re str,
dann wenden und diese beiden M li zurück str, 2 M
von der Hilfsnadel des VT str. Wenden. Jetzt immer in
2 M-Schritten die Maschen vom Hilfsfaden, bzw. von der
Hilfsnadel dazu nehmen. Nach 10 M vom Hilfsfaden jetzt die
anderen 10 M gegengleich mit dem Rückenteil verbinden.
Siehe Bild 2

Bild 2

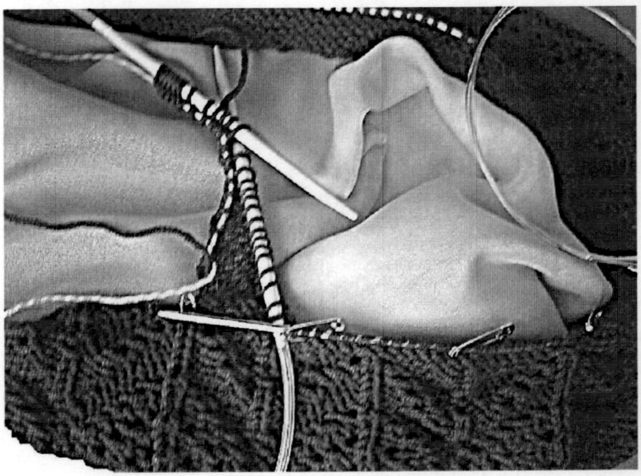

Wenn dann 40 M auf der
Nadel sind (10 VT, 20
Hilfsfd, 10 RT), weiter die
M von RT und VT in 2
M-Schritten dazu nehmen.
Bei jedem 5 x diese beiden
M zusammen str. Wenn
alle M bis an die MM aufge-
braucht sind, 2 M aufschlingen
(unter der MM entsteht da-
durch ein kleines Loch) und
in Ru weiter arb.

Bild3 Bild4

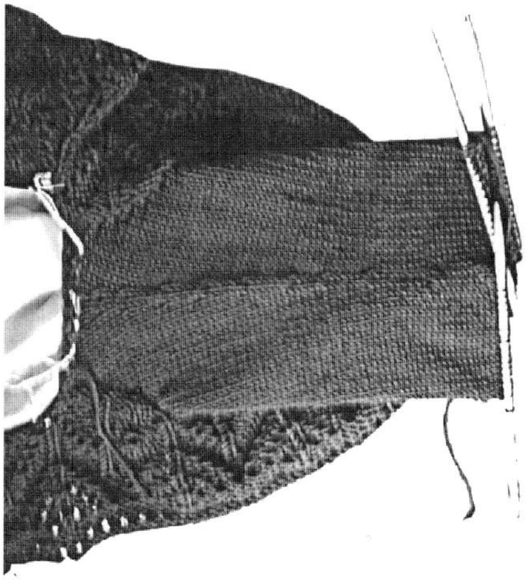

Gleichzeitig in der Ärmelmitte (10. und 11. M vom Hilfsfaden) betont abnehmen.
Und zwar 10 x in jeder 2. R, 7 x in jeder 4. R, 3 x in jeder 6. R und 5 x in jeder 8. R. Mit den verbleibenden 50 M das Bündchen im Bundmuster II str. Nach Erreichen der gewünschten Breite die M italienisch abketten (abnähen).

Bild 5 Bild 6

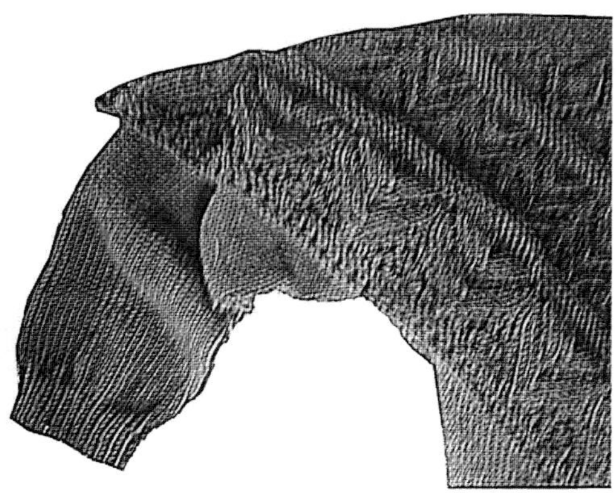

Für VT und RT wie bei den Ärmeln verfahren. Dafür in der gleichen R wie für die Ärmel M auf eine Hilfsnadel nehmen. Von der vorderen und hinteren MM ausgehen je 56 M. Die M vom Hilfsfaden auf eine Nadel nehmen und in verkürzten R wie bei den Ärmeln arbeiten. Für die Dazunahme der M von den Hilfsnadeln folgendes Schema einhalten:
1. und 2. R je 2 M, 3. R je 2 M zus str, 4. R 1 M. Die R 1 – 4 wiederholen. Die M vom Hilfsfaden in 1 M-Schritten in verkürzten Reihen dazu nehmen. Wenn alle M von der Hilfsnadel aufgebraucht sind, wie bei den Ärmeln 2 M aufschlingen (unter der MM) und in Ru weiter str. Gleichzeitig an den „Seitennähten" wie folgt betont abnehmen:
2 x jede 2. R, 3 x jede 4. Rund 3 x jede 6. R. wer es etwas weiter braucht, der kann diese Abnahmen reduzieren oder weg lassen. Nach Erreichen der gewünschten Länge Bund wie bei den Ärmeln str. Und ebenso abketten.

Bild 7

Eine Schnur anfertigen, hier in Makrameehäkelei, und durch die Löcher am Kragen ziehen. Wenn gewünscht noch Perlen an den Enden annähen. In die Löcher am Ponchorand Fransen einknüpfen.

Strickschriften für Ponchopulli „Annelise“

StrS D

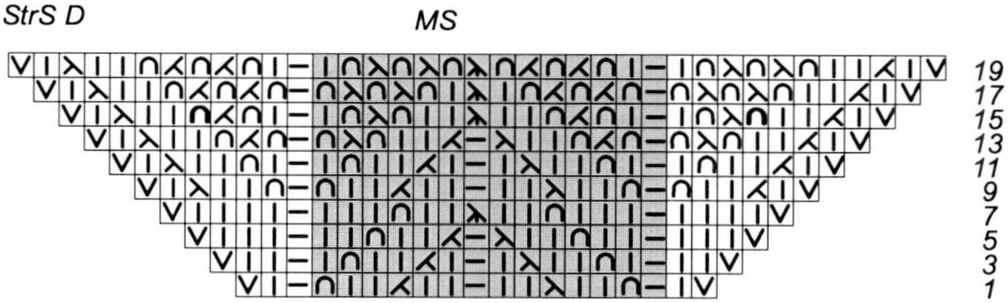

StrS C

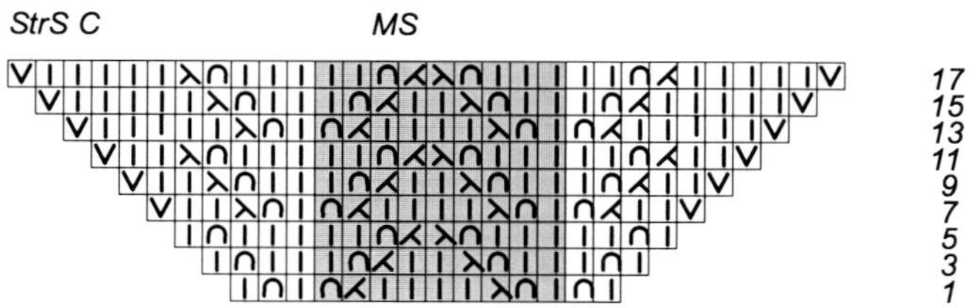

StrS B

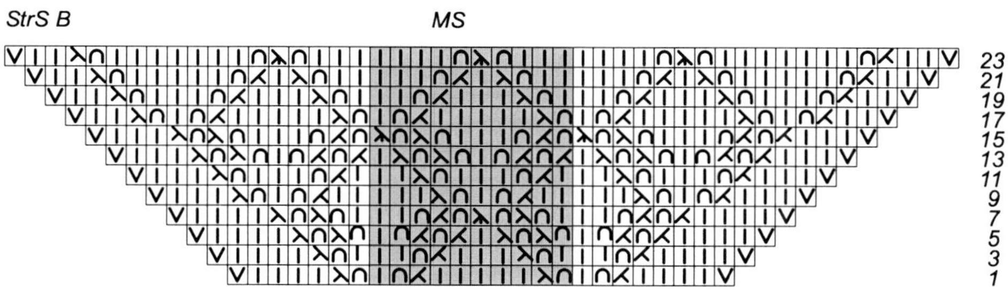

StrS A

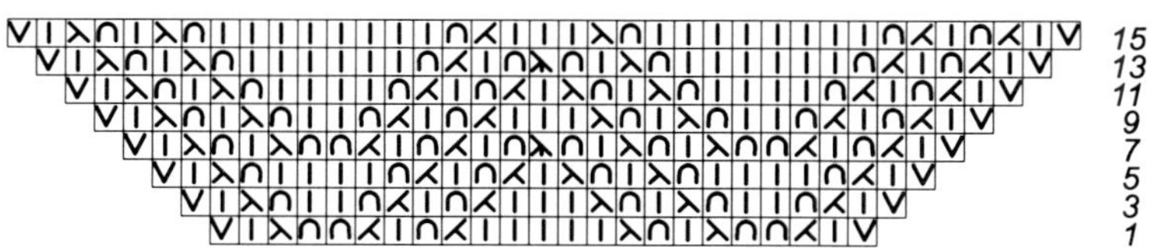

StrS L1

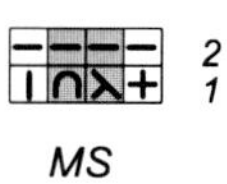

StrS L2

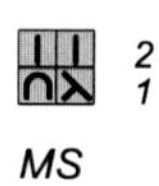

Inhalt

Ein paar Worte noch zum Schluss

Mein Dank gilt den beiden ortsansässigen Kunstschmieden

Firma Klute und Firma Schütte

auf deren Ausstellungsgeländen ich meine Modelle präsentieren durfte.

Dank auch an Manuela Timm für ihre moralische Unterstützung und meinem Mann für die technische Betreuung im Bereich Computer und Fotografie.

Impressum

Bibliografische Information der Deutschen Nationalbibliothek
Die Deutsche Nationalbibliothek verzeichnet diese Publikation in der Deutschen Nationalbibliografie; detaillierte bibliografische Daten sind im Internet über http://dnb.d-nb.de abrufbar.

http://ajourlace.blogspot.com
Kontakt : Kreativ_Tini@web.de

Herstellung und Verlag:
Books on Demand GmbH, Norderstedt

ISBN-13: 9783837047066

9 783837 047066

Entwurf und Herstellung der Modelle: Christine Nöller

Photografie und Layout: Peter Nöller

Korrigierte Auflage